RONALDO JOSÉ DE SOUSA

# PREGADOR OUSADO
## Novos elementos para a formação de pregadores

EDITORA
SANTUÁRIO

*Diretor Editorial:*
Pe. Flavio Cavalca de Castro, C.Ss.R.
Pe. Carlos Eduardo Catalfo, C.Ss.R.

*Revisão*
Elizabeth dos Santos Reis

*Diagramação*
Simone Godoy

*Capa*
Fernanda Barros Palma da Rosa

**Dados Internacionais de Catalogação na Publicação (CIP)**
(Câmara Brasileira do Livro, SP, Brasil)

Sousa, Ronaldo José de
  Pregador ousado: novos elementos para a formação de pregadores / Ronaldo José de Sousa. Aparecida, SP: Editora Santuário; 2005.

  Bibliografia
  ISBN 85-369-0014-8

  1. Liderança cristã  2. Pregação  3. Teologia pastoral  I. Título . II. Série

05-4956                                                                      CDD-251

**Índices para catálogo sistemático:**
1. Pregação: Cristianismo 251

9ª impressão

Todos os direitos reservados à **EDITORA SANTUÁRIO** – 2019

Rua Pe. Claro Monteiro, 342 – 12570-000 – Aparecida-SP
Tel.: 12 3104-2000 – Televendas: 0800 - 16 00 04
www.editorasantuario.com.br
vendas@editorasantuario.com.br

# SUMÁRIO

Introdução ........................................................................... 7

1. Pregação: carisma e ministério ..................................... 9
   1. A pregação como carisma ......................................... 9
   2. A pregação como ministério ................................... 11
   3. O processo de identificação .................................... 15

2. Tua Palavra é assim ..................................................... 17

3. Uma porção dobrada do espírito de ousadia ............. 33

4. Eu vos batizo com água ............................................... 51

5. Moisés cruzou o mar, vermelho! ................................. 65

6. O pregador e a arte oratória ....................................... 75

Bibliografia ...................................................................... 94

# INTRODUÇÃO

Na maioria das vezes, o processo de formação de pregadores é lento e gradativo. Minha intenção com este livro é trazer alguns elementos novos, frutos de um esforço prático sério, da oração perseverante e da reflexão responsável. Mais uma vez, minha fonte principal é a Bíblia, muito embora lance mão, de vez em quando, de alguns bons livros relacionados ou não com o tema. Usei duas traduções da Escritura, que estão indicadas nas referências. Colho citações ora de uma, ora de outra, conforme o peso das palavras traduzidas. No decorrer do texto, quando me refiro ao "pregador", não estou querendo falar de todo e qualquer evangelizador. Estes são pregadores em sentido lato. Falo de "pregador" em sentido estrito, ou seja, daquelas pessoas que exercem um ministério específico, pelo qual fazem palestras, conferências ou simples reflexões em ocasiões diversas.

No primeiro capítulo, caracterizo a pregação como um carisma, que pode ser pedido e recebido, mas que é dado pelo Senhor a quem Ele quer. O dom exerce primado sobre a técnica oratória. Quando esse carisma é confirmado pela comunidade, a pregação se torna ministério.

No segundo capítulo, defendo que o pregador deve fazer uma leitura orante da Escritura *em expectativa de revelação*, caminho pelo qual encontrará novos conteúdos para a pregação e para a própria vivência do Evangelho. Também procuro explicitar o método da *lectio divina* de modo mais simples, adaptado às condições atuais, sem deixar de criticar as apresentações excessivamente balizadas dessa antiga forma de ler a Bíblia.

No terceiro capítulo, indico que o batismo no Espírito incide sobre a vida do pregador em duas direções, que se tornam possibilidades de avivar o dom de Deus que há nele. Essas direções são a intuição e a racionalidade ou, para usar minha própria terminologia: as lacunas do imprevisível e a pessoa em sentido ontológico. É assim que interpreto a "porção dobrada" do Espírito, necessária à vida do pregador e que se transforma em batismo de ousadia.

O quarto capítulo traz uma reflexão sobre o ministério de João Batista e estabelece a pregação como um "batismo na água", depois do qual, necessariamente, deve vir o batismo no Espírito. A pregação assume, então, um caráter de incompletude, sendo levada a termo somente pela incidência do Espírito Santo sobre os ouvintes, preferencialmente nos instantes que se seguem ao fim da palestra.

O quinto capítulo motiva o pregador a vencer o medo. A partir da figura bíblica de Moisés, vou esclarecendo o caminho que Deus escolhe para que o pregador ultrapasse a timidez e dê sentido aos acontecimentos de sua vida, utilizando-os em seu favor.

Por fim, no último capítulo, discorro um pouco sobre o pregador e a arte oratória, colocando esta como fundamental para o bom exercício do carisma de pregação. Aqui, resgato alguns aspectos do ministério de Jesus, reveladores de como o Senhor dominava técnicas comunicacionais extremamente importantes para o anúncio que fazia.

Espero sinceramente estar contribuindo com pregadores, coordenadores, ministros e agentes que querem ser leais ao Senhor e fazer Sua vontade. Espero, ainda mais, estar sendo, eu mesmo, fiel a Jesus naquilo que ele me chama a fazer.

# 1
# PREGAÇÃO: CARISMA E MINISTÉRIO

## 1. A pregação como carisma

A pregação é, antes de tudo, um dom. Trata-se de um carisma *derramado* pelo Senhor sobre aqueles que Ele quer. É muito difícil alguém *se fazer* pregador, ou seja, tornar-se um ministeriado apenas por força de sua opção, como se fosse a escolha de uma profissão.

Esse dom provindo de Deus é que, prioritariamente, capacita a pessoa para o exercício do ministério. Tudo o que ela aprende por meio do estudo e da experiência prática é extremamente útil, na medida em que *otimiza* o dom. Se não há o carisma, a formação de um pregador encontrará sério – para não dizer, intransponível – obstáculo.

O carisma de pregação é pessoal, no sentido de que ele assume características específicas em cada indivíduo portador. O dom é depositado *na* pessoa, sem aniquilá-la, ou seja, misturando-se a seu substrato psicológico, cultural, social e religioso. Existem pregadores parecidos, mas nenhum igual ao outro.

Alguns consideram que a pregação seja ao mesmo tempo um dom do Espírito e uma técnica de elocução. Como carisma, ela se apresentaria com matiz profético e, como técnica de elocução, ela se vincularia à oratória e à retórica.[1] Essa opinião tem bastante coerência. No entanto, creio que o carisma exerce certo primado sobre a técnica. É ele que comanda o exercício do ministério e assegura a possibilidade da formação do pregador, sendo-lhe essencial. O próprio Dercides acaba por ratificar essa ideia, quando conceitua a pregação cristã como "*um carisma* que leva o evangelizador a fielmente proclamar a Revelação Divina sob unção do Espírito Santo, (...) de forma enérgica, ousada e profética, *mediante o emprego de recursos de comunicação* interpessoal".[2] Note-se que, para ele, a pregação é um carisma enquanto que a técnica é um caminho para seu exercício eficaz.

Isso não significa, no entanto, que seja impossível conduzir ao ministério da pregação alguém que não apresenta sinais de que porta o dom. Se essa for a necessidade da comunidade, pode-se trabalhar na perspectiva da formação de pregadores a partir de pessoas membros que ofereçam apenas algumas condições para isso, aquelas relacionadas com o testemunho, a seriedade e a maturidade humana e espiritual.

Evidentemente, não será possível formar pregadores apenas com o ensino de técnicas de preparo e condução de palestras. Por meio disso, talvez seja possível constituir bons oradores,[3] mas nunca anunciadores do Evangelho. Mas, justamente porque a pregação é um dom, torna-se possível *preparar* pregadores. Um dom pode ser pedido ao Senhor. Já que este está sempre propenso a dar (cf. Mt 7,11), pode-se

---

[1] Cf. Dercides Pires da SILVA, *Oratória sacra*, p. 15.
[2] Ibid., p. 19 (grifos meus).
[3] Mesmo os oradores seculares, são portadores de certo dom natural para o exercício da palavra, que funciona como um facilitador para sua formação técnica.

adquirir o primeiro e mais importante elemento para formação de pregadores: o carisma de pregação. De posse desse tesouro, o trabalho formativo assume a função de lapidar e aperfeiçoar aquilo que já existe e que foi dado gratuitamente.

## 2. A pregação como ministério

Quando um carisma de pregação é colocado a serviço da comunidade e esta o confirma, ele se torna ministério. A pessoa começa a experimentar a unção para o exercício desse serviço de modo muito frequente, não apenas esporádico ou passageiro. É como um talento que vai se multiplicando e sedimentando seu estado perene de morada na unção.

Em geral, só a comunidade pode confirmar um ministério. Essa confirmação dá-se em pelo menos três níveis:

### a) Por intermédio das autoridades[4]

As autoridades de uma comunidade (pastores, lideranças, coordenadores, conselhos, núcleos etc.) organizam e distribuem os serviços conforme a estrutura comunitária estabelecida. Elas procuram identificar os carismas que surgem espontaneamente. Nesse ponto, deve-se evitar a utilização de critérios exclusivamente humanos de escolha, como capacidade intelectual, desinibição ou posição social.

---

[4] O termo "autoridade" está tomado aqui em sentido lato e não designa apenas hierarquia da Igreja; entendo que aqueles que exercem funções de liderança numa comunidade exercem também um tipo de serviço que os autoriza a discernir a distribuição dos ministérios, excetuando-se aqueles ministérios oficiais que só podem ser reconhecidos pela autoridade eclesial competente.

O discernimento deve ser espiritual, revestindo-se de particular importância no caso da escolha de pregadores, pois estes exercem um trabalho de referência dentro e fora da comunidade, ou seja, eles "chamam" para si a responsabilidade do testemunho mais sério e verdadeiro. Também se deve cuidar para que a atribuição de serviços seja, em condições normais, o resultado de uma cautelosa observação da forma como o Espírito Santo se manifesta naquela realidade específica, ou seja, da percepção de quais os carismas que estão sendo derramados e em vista de quê.

**b) Pelos frutos**

"Por seus frutos os conhecereis", disse Jesus em relação ao discernimento dos profetas (cf. Mt 7,15-16). Se isso é verdade em relação aos falsos, muito mais o será para com os verdadeiros. Por isso, a confirmação de um ministério da pregação não pode escapar a essa prerrogativa. A ausência de frutos é indício de que aquela pessoa não foi escolhida por Deus para exercer esse serviço.

Os frutos de um ministério da pregação não podem ser quantificados; eles são de natureza qualitativa e observáveis no conjunto de um discernimento. Seria bastante perigoso tentar medir um pregador por seus resultados objetivos, como se dele se requisitasse uma eficiência empresarial. A confirmação de um ministério passa, necessariamente, pela lente de uma visão *pastoral*, respeitando-se naturalmente os limites das etapas iniciais do exercício do serviço e as limitações da própria pessoa enquanto pregadora.

## c) Pelo respaldo do conjunto das pessoas da comunidade

Os membros participantes de uma comunidade, mesmo que não assumam funções de liderança e autoridade, têm o dom infuso do discernimento. Isso permite que eles exerçam certo juízo sobre aqueles que cumprem serviços em seu ambiente comunitário, emitindo, de uma forma ou de outra, um parecer a respeito. Essa avaliação é intuitiva e espontânea, porém, não menos importante do que se fosse racional e metódica. Mais uma vez torna-se importante o papel das lideranças que, atentamente, devem colher esses pareceres e usá-los em favor de sua compreensão espiritual.

O exercício do ministério da pregação deve estar, portanto, dentro desse contexto comunitário. Ninguém deve querer ser pregador à força, como se quisesse provar algo sobre si mesmo e sua capacidade. O serviço da pregação é um dos que mais expostos estão a esse tipo de mercenarismo: pessoas que o buscam sem motivações evangélicas e sinceras, mas por causa do aparente *status* que ele dá ao ministro.

É o ambiente de discernimento que torna possível àquele que foi escolhido e capacitado pelo Senhor para o ministério da pregação compreender amplamente sua missão e condição de ministro. Em outras palavras, no contexto comunitário, ele é capaz de intuir *para que* se tornou pregador. Para compor o ministério do grupo? Para sentir-se bem? Para autoafirmar-se? Para realizar-se como pessoa? Para satisfazer um sonho? Certamente, não. Mas para *habitar* profeticamente entre os homens, como o Verbo de Deus que se fez carne (cf. Jo 1,14).

A Encarnação é, por assim dizer, a primeira pregação de Jesus. Sua atitude tem um significado de habitação, "uma vez que na união misteriosa da Encarnação, 'a natureza humana foi assumida e não aniquilada'".[5] Jesus trabalhou com mãos humanas, pensou com inteligência humana, agiu com vontade humana, amou a todos com um coração humano, exprimindo humanamente os modos divinos de agir da Trindade.[6] Jesus não assumiu o pecado porque este não é parte essencial da pessoa humana. O pecado é acidental no homem. Sem pecar, o Salvador habitou consubstancialmente a humanidade,[7] mas reservou para si um diferencial, que tornou possível a realização de sua missão de resgate. Assim também o pregador. Ele é um com os demais, mas se estabelece como sinal profético, assumindo um testemunho que se distingue e, por isso mesmo, atrai pessoas ao Evangelho.

A maturidade da pregação é essa habitação profética. É quando o pregador consegue fazer uma leitura da realidade concreta em que vive (cultural, social, política, religiosa) e iluminá-la com sua vida, testemunho e pregação. Assim, ele é pregador *para o mundo* e não apenas para o grupo de oração, para sua família ou para algumas pessoas.

Muitas vezes, as lideranças querem resolver os problemas de autoimagem de algumas pessoas, dando a elas o ministério da pregação. Essa atitude é inadequada em todos os sentidos, pois, além de não corresponder à vontade de Deus, prejudica a própria pessoa. Aqueles que têm problemas de autoafirmação necessitam ser amados, ajudados, até elogiados, mas não necessitam ser pregadores.

---

[5] CATECISMO da Igreja Católica, n. 470.
[6] Cf. Ibid., n. 470, 478.
[7] Cf. Ibid., n. 467.

## 3. O processo de identificação

Mesmo não sendo uma vocação no sentido estrito do termo, o ministério da pregação exige certo nível de identificação da pessoa com o serviço. É nesse sentido que se pode falar que alguém está se sentindo chamado ao ministério. Sobre como se dá esse processo, já sugeri algo.[8] Aqui é suficiente acrescentar que o que há de mais sério nesse discernimento é a questão das motivações. O que motiva alguém a ser pregador? Razões de caráter pessoal? Ou uma sadia disposição para amar o Senhor, colocando habilidades a serviço do Reino? Sobre isso, é interessante a lição contida em Mt 20,20-28. Trata-se de um episódio em que a mãe dos filhos de Zebedeu dirigiu-se a Jesus, junto com os dois filhos (Tiago e João), para lhe fazer uma súplica: "Ordena que estes meus dois filhos se sentem em teu reino, um à tua direita e outro à tua esquerda". Jesus respondeu com uma frase que deveria ser meditada por todos, em diversas circunstâncias, principalmente quando se está orando: *"Não sabeis o que pedis"*. Essa frase é indicativa de que as más motivações obscurecem a visão da pessoa acerca da própria realidade a qual está requisitando.

No caso da pregação, pedir ao Senhor o dom de pregar, motivado por coisas fora das necessidades próprias do anúncio do Evangelho, impede a pessoa de perceber substancialmente no que consiste a pregação e seu papel dentro da dinâmica comunitária. A pessoa, literalmente, *não sabe o que pede*. Pensa que receberá algo apenas prazeroso e bom, quando na verdade pleiteia introduzir-se num contexto muito mais complexo.

"Podeis vós beber o cálice que eu vou beber?", foi a pergunta de Jesus que se seguiu imediatamente à afirmação.

---

[8] Cf. *Pregador ungido*, p. 8-11.

Para esclarecer que aquele que pede para participar do mistério de Cristo, seja por meio de um ministério ou não, pede também para compartilhar – em maior ou menor grau – de seus sofrimentos e, portanto, de sua missão tal como ela é. Assim como Tiago, João e sua mãe, muitas pessoas que pedem o dom de pregação também ignoram o que estão almejando. Por isso, é necessário esclarecer que o ministério da pregação tem implicações graves a respeito da vivência, do testemunho e da experiência de configurar-se a Cristo. Pois todo aquele que quiser tornar-se grande deve fazer-se servo.

Nunca tive dificuldades de entender essa passagem bíblica e, ainda mais, sempre penetrei no significado das palavras de Jesus. Porém, durante muito tempo, fiquei intrigado com o que o Senhor acrescentou à lição dada, em relação aos ocupantes de sua direita e de sua esquerda: "Esses lugares cabem àqueles aos quais meu Pai os reservou", disse. Quem seriam esses felizardos? O acréscimo de Jesus parece indicar que dois privilegiados foram escolhidos por Deus. Isso me inquietava muito, pois assumia a conotação de acepção de pessoas.

Até que um dia, lendo novamente o texto, o último versículo esclareceu-me a respeito: "O Filho do Homem veio, não para ser servido, mas para servir e dar sua vida em resgate por uma multidão". Compreendi que Jesus quis indicar qual era seu lugar nesse mundo, contrariando o que aqueles discípulos pleiteavam para ele. Seu lugar era a condição de servo e não a de um rei entronizado. Ao lado de um servo cabem mais que dois. Cabem tantos quantos quiserem com ele se identificar, servindo e dando sua vida em regaste de outros. Esses são os "privilegiados", para quem o Pai reservou a direita e a esquerda de Jesus. Lugar, aliás, em que todo pregador deveria estar.

# 2
## TUA PALAVRA É ASSIM

*"No princípio era o Verbo, e o Verbo estava junto de Deus e o Verbo era Deus. E o Verbo se fez carne e habitou entre nós, e vimos sua glória, a glória que um Filho único recebe de seu Pai, cheio de graça e de verdade" (Jo 1,1.14).*

Em minha prática de leitura frequente da Palavra de Deus, sempre ocorre de algum texto específico suscitar questionamentos em meu limitado poder de captação. Algumas vezes o Senhor me concede a graça de compreendê-los, sobretudo sob uma perspectiva vivencial, atual, voltada para minhas necessidades como cristão e como pregador.

Foi o que aconteceu com a leitura desse trecho do começo do evangelho de São João. Ele parecia-me obscuro. "Verbo" é uma categoria gramatical e era sempre esse conceito que vinha à minha cabeça quando lia. Além disso, de que "princípio" fala o texto? Do começo do mundo ou de um suposto começo de Deus?

Pude compreender o sentido dessas palavras de São João enquanto ouvia um ensino a respeito. O "princípio" é a eternidade, onde Deus é e está. O Verbo é a palavra substancial do Pai, por meio da qual tudo foi feito (cf. Jo 1,3). Esse Verbo habitou entre os homens, para que estes pudessem ver a glória do Pai e, mais que isso, participassem dela.

A partir dessa compreensão, passei a concentrar esforços de reflexão não somente sobre o que Deus é, mas também no modo como Ele se revela, que para mim é mais impressionante ainda. O homem não podia conhecer a Deus:

"Aprouve a Deus, em sua bondade e sabedoria, revela-se e tornar conhecido o mistério de sua vontade (cf. Ef 1,9), pelo qual os homens têm, no Espírito Santo, acesso ao Pai e se tornam participantes da natureza divina por Cristo, Verbo feito carne (cf. Ef 2,18; 2Pd 1,4)".[9]

A Revelação, que é uma iniciativa de Deus, assume caráter ainda mais atraente por sua forma. A Encarnação é a maneira mais espetacular que Deus encontrou para revelar-se. Diria: é a maior das teofanias, pois por meio dela Deus fala aos homens *como a amigos*.[10] É por isso que muitos profetas e justos desejaram ver o que viram os discípulos de Jesus (cf. Mt 13,17). Inseridos na economia da Antiga Aliança, que continha coisas imperfeitas e transitórias,[11] esses homens veterotestamentários apenas intuíam a beleza da Revelação tal como seria em sua plenitude (cf. Gl 4,4).

Se revelar-se é uma atitude de Deus, elaborada da melhor maneira possível na história humana, o pregador deve crer que essa Revelação está constantemente sendo explicitada e que Deus tem interesse em comunicar-se.[12] Portanto, deve

---
[9] CONCÍLIO ECUMÊNICO VATICANO II, *Dei Verbum*, n. 2.
[10] Cf. Ibid., n.2.
[11] Cf. Ibid., n. 15.
[12] Cf. CATECISMO da Igreja Católica, n. 66.

haver no coração do pregador uma constante *expectativa de revelação*, sobretudo quando ler a Palavra de Deus.[13] A leitura bíblica feita por um pregador deve estar prioritariamente sob essa perspectiva. Ele tenta esquadrinhar a Escritura e não apenas conhecê-la. Esquadrinhar no sentido mistagógico. O pregador necessita apreender ou renovar o conteúdo de suas pregações e, por isso mesmo, não pode se contentar em saber *o que a Bíblia diz* nem em fazer apenas aplicações óbvias. Ele precisa penetrar profundamente no conteúdo vivencial da Palavra, trazê-lo à tona, demonstrá-lo: "Os que são chamados ao ministério da pregação devem, na transmissão dos mistérios da fé e das regras dos costumes, adaptar suas palavras ao espírito e à inteligência de seus ouvintes".[14]

Sua leitura, portanto, tem de ser efetivamente profética, para que sua pregação também o seja. O caminho é ler a Bíblia *em expectativa de revelação*, ou seja, atento aos ditames do conhecimento insondável, que só Deus pode mostrar. Um pregador lê a Palavra, mas não simplesmente lê. Ele a indaga. Ele espera sempre, porque sabe que Deus pode revelar-se a qualquer momento: "Oh! Esta é a voz de meu amado! Ei-lo que aí vem, saltando sobre os montes, pulando sobre as colinas. Meu amado é como a gazela e como o cervozinho. Ei-lo atrás de nossa parede. Olho pela janela, espreito pelas grades. Meu bem amado disse-me..." (Ct 2,8-10a). Na ânsia de ouvir o que o Senhor dirá, o coração do pregador é como terra boa esperando a semente para dar frutos cem por um (cf. Mt 13,8).

---

[13] Evidentemente, falo de uma expectativa de revelação *em sentido particular* (cf. CATECISMO da Igreja Católica, n. 67), que se distingue da Revelação Pública (com inicial maiúscula).

[14] CATECISMO da Igreja Católica, n. 24.

A distância da Palavra de Deus parece ser o principal motivo por que muitos pregadores desempenham seu ministério de maneira uniforme, sem uma dinâmica de renovação. Suas palestras tornam-se repetitivas e sua contemplação não progride para um conhecimento cumulativo. Outra consequência é que a vida espiritual regride, transformando-se em práticas devocionais rotineiras e sem perspectivas proféticas.

Não que a oração cristã deva ser mera ocasião para conhecer novidades, sem a possibilidade do enfrentamento da aridez e das provações próprias do amadurecimento espiritual. Mas o caminho de uma autêntica espiritualidade passa necessariamente pela contemplação da Palavra de Deus. Ela norteia a oração. Os sentidos do orante devem estar voltados para ela. Mesmo quando atravessa séria dificuldade, ele se coloca em posição de enfrentamento, ou seja, confronta com a Palavra tudo o que passa e esta lhe oferece possibilidades de sabedoria e discernimento.

A Escritura é perene e pura *fonte* da vida espiritual.[15] Quando a Bíblia não é utilizada na vida de oração, as preocupações cotidianas consomem o orante em sua prática. Ele não crê nas promessas de Deus e, por isso mesmo, conduz a si mesmo ao centro da espiritualidade que, nesse caso, torna-se uma falsa espiritualidade. Por mais que se reze, essa oração é estéril, pois a relação está comprometida por uma atitude egocêntrica.

Em diversas ocasiões, pessoas das mais variadas idades e tempo de caminhada cristã partilham comigo sua dificuldade na oração. Reclamam de secura, preguiça, insatisfação e "falta de assunto". Essa última reclamação é a mais interessante.

---

[15] Cf. CONCÍLIO ECUMÊNICO VATICANO II, *Dei Verbum*, n. 21.

Encontrar-se com Deus e faltar assunto para conversar é, no mínimo, estranho. Nessas situações, tenho identificado duas possibilidades: a pessoa está experimentando uma *etapa seguinte*[16] da vida espiritual ou não introduziu a Escritura em sua oração. Essa última parece ser mais frequente.

Não estou falando sobre aquele respeito que se deve ter pela Bíblia, nem mesmo daquele compromisso sincero em que algumas pessoas têm de ler um trecho todos os dias. Isso pode dar bons resultados, mas não é suficiente para fazer crescer profeticamente. A relação com a Escritura é mais do que ficar com a consciência tranquila porque leu o evangelho do dia. Também é mais do que procurar compreender a mensagem (como se a Bíblia fosse um livro comum). A relação deve ser pessoal e provocante, de transparência e intimidade. A Palavra deve penetrar as entranhas do orante e permear toda a sua personalidade.

Se a ausência de uma leitura orante da Escritura é grave para um cristão comum, muito mais o é para um pregador. Eis uma categoria de batizados que não pode abrir mão de uma fecunda *lectio divina*. Para fazer isso, é necessário considerar a Bíblia não apenas importante, mas dialogar com ela como se fosse uma pessoa.

A *lectio divina* faz parte do tesouro da Igreja desde muito tempo. Ela está profundamente enraizada na tradição monástica e litúrgica.[17] Trata-se de uma sequência em que a Palavra de Deus é lida e meditada, para tornar-se oração. Entretanto, parece-me que a maneira como o método tem sido exposto, contemporaneamente, apresenta-se confusa para a maioria das pessoas. As etapas da sequência (leitura,

---

[16] Cf. Ronaldo José de SOUSA, *Pregador ungido*, p. 36.
[17] Cf. CATECISMO da Igreja Católica, n. 1.178.

meditação, oração e contemplação) são explicitadas de maneira demasiadamente pautada. As pessoas têm dificuldades de distinguir cada passo.

A meu ver, não é possível que pessoas comuns adotem um método de oração próprio da vida monástica, sem que sejam feitas algumas adaptações. Isso, porque monges têm ambiente e tempo suficiente para percorrer um caminho meticuloso de vida espiritual, o que não ocorre na realidade de pessoas inseridas no mundo secular contemporâneo. Há que simplificar o método, deixando-o menos intelectivo e mais espontâneo.

Ora, justamente porque as quatro etapas são balizadas por um liame nem sempre distinguível, é que se torna possível retirar da cabeça das pessoas que elas estão lidando com uma coisa difícil e demorada. O processo é simples e transcorre normalmente e não se deve incutir nas pessoas uma preocupação demasiada em demarcar sua *lectio*. Começa-se a leitura normalmente.[18] A pessoa vai percebendo *o que o texto diz* (*logos*), até o momento em que algo dele "salta" a seu coração. Pode ser um trecho, um versículo ou até uma palavra. Ao sentir que a Palavra está se dirigindo diretamente a ela (*rhema*), a pessoa deve se deter. Ela já passou para a etapa de meditação, sem se dar conta disso, o que é mais importante. Assim, o espírito permanece absorvido no que faz, sem a preocupação de seguir um método.

Gosto muito do conceito de meditação dado pelo Catecismo da Igreja Católica: "A meditação é, sobretudo, uma procura. O espírito procura compreender o porquê e o como

---

[18] Que não precisa ser longa, embora frequente e sequenciada. Não há uma razão determinante para se preocupar em ler a Bíblia em um ano (quatro capítulos por dia). É melhor uma leitura devagar e frutífera do que ritualística e sem incidência vivencial.

da vida cristã, a fim de aderir e responder ao que o Senhor pede".[19] Penso que a leitura já deve ser feita sob essa expectativa atenta, como se estivesse procurando (meditando), de modo que ela quase que antecipa ou se mistura com a segunda etapa: a da meditação.

É assim que o Catecismo se expressa a respeito:

"Meditando no que lê o leitor se apropria do conteúdo lido, confrontando-o consigo mesmo. Neste particular, outro livro está aberto: o da vida. Passamos dos pensamentos à realidade. Conduzidos pela humildade e pela fé, descobrimos *os movimentos que agitam o coração* e podemos discerni-los".[20]

Pode ser que algumas poucas pessoas se adaptem bem ao método balizado e passo a passo. Se assim o for, devem permanecer seguindo-o. Porém, creio que isso retrai um pouco a liberdade do Espírito, que age quando quer e antecipa-se aos tempos e momentos humanos. A meu ver, portanto, a leitura deve ser feita já em espírito de meditação, como que numa espera. Com o coração aberto, pode-se acolher um *rhema* imediatamente, sem a necessidade de aguardar a etapa seguinte. Na verdade, ela já está se concretizando através da mensagem recebida.

Além disso, essa maneira de ver a *lectio divina* suprime a leitura dupla (uma para ver o que o texto diz e outra para perceber o que o texto *me* diz), tornando mais rápido o momento com a Palavra e, portanto, mais adequado à mobilidade do mundo moderno.

---

[19] N. 2705.
[20] N. 2706 (grifo meu).

Na leitura e meditação compreendidas de maneira indivisível é que está o núcleo da *lectio divina* tal como a proponho. Exercitando-se nesse particular, qualquer pessoa pode absorver a Palavra de Deus na vida espiritual e prática. As outras duas etapas são consequências naturais do que se fez. Por isso, é sobre a leitura expectante que se deve concentrar maior atenção. Aqui duas coisas são importantes serem ressaltadas.

A primeira delas é que falta para muitas pessoas um pouco de estudo. Falta contextualizar a Escritura em seu ambiente geográfico, histórico e cultural. Falta, ainda, sistematizar a leitura, evitando tomar sempre passagens isoladas e nunca iniciar e concluir um livro inteiro. Interessante que as pessoas não leem um livro comum aleatoriamente, mas do começo ao fim. Por que não fazem o mesmo com os livros da Bíblia? Esquecem que a Escritura contém 73 livros, dos mais variados gêneros, escritos em distintas épocas e por autores diferentes. Cada um desses livros transmite, *em seu conjunto*, uma mensagem religiosa.

Portanto, estudar ajuda muito. Fazer cursos e ler sobre a Bíblia pode ser muito útil. De outro modo, é coerente escolher uma boa tradução e não ter preguiça de consultar as notas de rodapé.

Às vezes, porém, o estudo atrapalha. E essa é a segunda coisa a que se deve estar atento. Refiro-me àquelas pessoas que esmiúçam a Bíblia em termos de contexto social, desvelam o caráter humano dos livros, atribuem intenções meramente temporais aos autores e, quando menos se espera, vê-se extraído o sentido mistagógico da Escritura. Em outras palavras, abre-se mão do aspecto sobrenatural dos livros sagrados e, de certo modo, coloca-se Deus à parte, como se Ele fosse apenas uma construção da mente dos autores.

Quem age assim também não entende a Bíblia. Diria: esse muito menos! Não entende o "espírito da coisa", o fundamental, o essencial: a expressão de um Deus, que se comunica com aqueles de quem quis fazer seus filhos. A leitura e a meditação da palavra é mistagógica. A pessoa se dirige a ela com espírito aberto, sem a excessiva preocupação de explorar o texto no sentido racional; dirige-se à Palavra com sentimento de quem se aproxima do mistério. A leitura e a meditação tornam-se, portanto, mais *relação* do que especulação, mais *encontro* do que investigação e mais *acolhimento* do que respostas.

A Bíblia é palavra revelada. Lê-la sem esse "senso do mistério" é retirar seu encanto, seu gosto; é torná-la seca, sem vida, sem óleo. É transformá-la num livro qualquer. A Bíblia dá respostas, mas também faz perguntas. Algumas delas, bem intrigantes.

É por isso que muitas pessoas não entendem a Bíblia. Porque estudam ou porque não estudam, não conseguem mergulhar *na relação* com o texto. Ler a Bíblia é fazer memória;[21] é introduzir-se na trama, na dança do amor. É encontrar-se nos acontecimentos, sentir-se destinatário das palavras ditas por Deus, seja a quem for, mesmo àqueles personagens mais santos ou mais pecadores.

Destarte, não se deve ter medo de *encantar* a vida. Viver sem paixão não é próprio de Deus nem do homem. Receio que aquele que foge do mistério e do encanto foge de si mesmo e, por causa disso, não consegue entender nem a Bíblia nem a própria vida. Conviver com o mistério é fundamental para um bom pregador: "O espírito limitado não compreende nada" (Sl 92,7b).

Como disse, as outras duas etapas da *lectio divina* (oração e contemplação) são consequências naturais das duas primeiras

---

[21] Cf. Silvia Maria Lima LEMOS, Maria Emmir Oquendo NOGUEIRA, *Tecendo o fio de ouro*, p. 37-40.

(leitura e meditação). Ao colher e acolher um *rhema*, como permanecer indiferente diante daquilo que Deus fala diretamente, de modo atual? A indiferença não convém a quem quer crescer na vida espiritual. O *rhema* suscita oração que, nesse momento, nada mais é do que uma resposta ao Senhor. No decorrer da resposta dada, novas moções podem vir à tona, o espírito humano pode ser esclarecido e tocado pelo Senhor. Aqui é o momento dos dons efusos e das revelações particulares. Pleiteio um "toque" carismático na *lectio divina*. Se o espírito do orante sentir-se movido pelo Senhor para outros textos bíblicos, ele deve ir até eles e fazer nova leitura meditativa. Geralmente, uma nova revelação durante o processo, por meio de outra passagem bíblica, tem o caráter de continuidade.

A tendência é que a oração flua livremente, sem preocupação com nada, até o momento em que, no silêncio, a Palavra comece a *fazer*, realizar, executar ela mesma o projeto do Pai no coração de quem ora. Chega-se à contemplação e conclui--se a leitura orante *em seu ápice*.

Um outro aspecto importante dentro dessa *espiritualidade da revelação* é que a Escritura manifesta quem é Deus. Ela trabalha como um escultor, moldando a verdadeira imagem de Deus dentro do homem. Que imagem? A imagem do Deus que se inclina em busca da pessoa humana. Assim, o orante encontra os qualificativos de Deus na Palavra e aprende a discernir seus sinais, entender o modo como age e acomodar-se a seu plano.

Por outro lado, a Escritura também revela quem é o homem. A Palavra é fonte de revelação da identidade pessoal. O homem tem a capacidade de conhecer-se a si mesmo, mas apenas de forma relativa. Deus, pelo contrário, tem o poder de conhecê-lo em sua totalidade. Deus *perscruta* o coração do homem, ou seja, sonda, inquire e conhece minuciosamente, esquadrinhando sua personalidade e perquirindo-o no sentido ontológico.

A si mesmo, o homem só vê de modo imperfeito, como por um espelho. Por isso, tende a emitir juízo incorreto sobre si próprio, desconhecendo-se tal como está no coração de Deus. A Bíblia tem o poder de fazer essa revelação. Por ela, o homem se descobre em sua essência original. Tenho feito essa experiência em meu cotidiano de leitura bíblica. A Palavra constrói gradativamente em minha percepção uma imagem verdadeira: a que Deus tem de mim. Ela é uma possibilidade de autodefinição. Vejo a Bíblia como minha própria identidade. A diferença é que a imagem nela é muito mais bonita do que a foto de minha carteira de registro geral.

A leitura da Bíblia sob a perspectiva da perene revelação de Deus resolve dois problemas dos pregadores. O primeiro deles é o da falta de conteúdo para pregar. "Junto a ti está a Palavra, em tua boca e em teu coração", diz São Paulo aos Romanos, fazendo eco ao Deuteronômio (Rm 10, 8a). Ou seja, a Palavra de Deus é mais acessível do que normalmente se pensa. A expectativa constante pela revelação provoca uma identificação da pessoa com a Bíblia, ou seja, pessoa e Palavra se unem numa relação cada vez mais intrínseca. É por isso que a Palavra está tão perto: na boca e no coração. Antes no coração do que na boca, pois esta fala do que aquele está cheio (cf. Mt 12,34).

A Palavra deve estar impregnada no ser e no devir do pregador. É como se já não fossem dois, mas um só. Os julgamentos, conceitos e percepções da pessoa do pregador já não podem ser dissociados da Palavra. Aqui ele resolve seu segundo problema: discernir adequadamente entre o bem e o mal, o querer e o fazer, as moções proféticas e as paixões subjetivas.

27

É a Palavra de Deus *nele* que promove essa divisão e esse discernimento:

"Porque a Palavra de Deus é viva, eficaz, mais penetrante do que uma espada de dois gumes, e atinge até a divisão da alma e do corpo, das juntas e medulas, e discerne os pensamentos e intenções do coração. Nenhuma criatura lhe é invisível. Tudo é nu e descoberto aos olhos daquele a quem havemos de prestar contas" (Hb 4,12-13).

Esse trecho da carta aos Hebreus me incomodou muito em certo tempo. Tinha a impressão de que a maneira como o lia era poética, irreal. Gostava das expressões usadas pelo autor, mas não compreendia bem o que significavam. Onde está a divisão do corpo e da alma? É um liame imprecisável, ilocalizável, indizível, invisível.

Foi quando entendi que a Palavra de Deus é capaz de atingir isso. Ela divide no sentido de separar, discernir. Separar o bem do mal, o certo do errado, o eterno do finito, o absoluto do relativo. O liame de tudo isso é impossível de ser determinado pela inteligência humana ou pela percepção científica. Ele é tão tênue, que se corre o risco de deixar pedaços do bem no mal ou vice-versa. A Palavra tem poder de acertar esse ligamento; e esse poder é partilhado com aquele que se faz um com ela (cf. Mt 22,15-22).

É nesse sentido também que entendo a passagem de Js 1,7: "Tem ânimo, pois, e sê corajoso para cuidadosamente observar toda a lei que Moisés, meu servo, prescreveu-te. Não te afastes *nem para a direita nem para a esquerda*, para que sejas feliz em todas as tuas empresas" (grifo meu). Discernir a exata vontade de Deus é uma tarefa difícil, o que só pode ser proporcionado pelo conhecimento da Palavra. É nela que o homem de Deus se equilibra, atingindo o *status* da autonomia espiritual. Josué, que permanecera até então sob a custódia de Moisés, ouvindo dele o que deveria fazer, assumiu *a missão da fase adulta*, ou seja, a faculdade de absorver diretamente da Palavra (no caso, da Lei) a vontade de Deus. Talvez por isso, a primeira coisa que Deus disse a Josué foi: "Moisés morreu" (cf. Js 1, 2). Como se dissesse: "Agora é por tua conta".

Existem pregadores que querem caminhar nos passos dos outros a vida inteira. Até buscam neles as fontes de sua pregação. "Fulano disse isso...", "como disse Beltrano..." são algumas de suas introduções frequentes. Evidente que não há problema algum em relembrar algo que outro disse, mas quando se coloca a ênfase principal nisso é sinal de que a autonomia espiritual ainda não foi adquirida. E um dos motivos principais, creio eu, é a relação ainda imatura com a Bíblia.

O início do livro de Josué pode ser considerado uma espécie de testamento espiritual deixado aos pregadores. Sua observância é a garantia de serem bem-sucedidos: "Todo lugar que a planta de vossos pés pisar, eu vo-lo dei", disse o Senhor a Josué (Js 1,3). Observe-se o "passado profético": para Deus, a ação já se deu, embora ainda por se realizar.[22]

O discernimento sobre a vontade de Deus é minucioso, não geral nem abrangente. Não é uma questão somente de entendimento doutrinário ou moral, mas de percepção detalhista. É necessário estar aberto às sugestões, insinuações e moções do Espírito, mesmo às que parecem insignificantes, como migalhas que caem da mesa.[23] A fé milagrosa é também uma fé *migalhosa*. Essas pequenas e eficientes moções vêm à mente do pregador, privilegiadamente, por meio da Palavra. "Traze sempre na boca

---

[22] Cf. BÍBLIA Tradução Ecumênica, p. 326.
[23] Cf. Ronaldo José de SOUSA, *Pregador ungido*, p. 34-48.

as palavras deste livro da lei, disse Deus a Josué; medita-o dia e noite, cuidando de fazer tudo o que nele está escrito; assim, prosperarás em teus caminhos e serás bem-sucedido" (Js 1,8). "Trazer na boca", aqui, tem certo sentido literal, inclusive. Trata-se de uma leitura em voz baixa, mas audível, muito usual na antiguidade (cf. Sl 1,2; At 8,28).[24] Isso porque a Palavra na mente e na boca do pregador tem de ser insistente, constante, inquietante e perene, para que este descubra a vontade de Deus.

Tudo é vão fora da vontade de Deus. O pregador não deve querer nada além dela, nada que discorde dela e nada contra ela, mesmo certas coisas que parecem justas e belas. Sobre isso, existe um momento bíblico revelador. Trata-se do trecho de Mt 8,1-4:

"Quando desceu da montanha, seguiram-no grandes multidões. Eis que um leproso aproximou-se e, prostrado diante dele, dizia: 'Senhor, se queres, podes purificar-me'. Ele estendeu a mão, *tocou* nele e disse: '*Quero*, sê purificado'. No mesmo instante ele ficou purificado de sua lepra" (grifos meus).

Um leproso era alguém estigmatizado pela sociedade. Embora esse processo de exclusão possa ser explicado por razões sanitárias, isso não minimiza as consequências sofridas pelo doente. Um leproso era obrigado pela Lei a andar com as vestes rasgadas, os cabelos soltos, o bigode coberto e gritando: "Impuro! Impuro!". Além disso, devia morar sozinho, fora do acampamento (cf. Lv 13,45-46).

Ao tocar no leproso, Jesus triunfou sobre uma impureza contagiosa considerada como castigo divino por excelência,

---

[24] Cf. BÍBLIA Tradução Ecumênica, p. 326.

abolindo a fronteira entre o puro e o impuro.[25] A meu ver, porém, o mais importante nesse episódio é o encontro das duas vontades: a de Deus e a do leproso. "Quero", disse Jesus em relação ao pedido daquele homem. Essa é a experiência de Deus por excelência. Não por causa da cura, mas por causa da convergência de vontades.

Hoje em dia, as pessoas dizem "eu encontrei Jesus" referindo-se a experiências diversas. Fala-se, sobretudo, de sentir-se tocado pelo Senhor e de ter consciência de sua presença real. Isso é muito bom. Mas creio que o encontro pleno com o Senhor dá-se pela afinidade entre a vontade do homem e a de Deus, quando aquele se submete e vê no desejo deste sua própria felicidade e realização. "*Se queres*, Senhor, podes..." é a chave dessa experiência.

Enfim, não se pode exercer o ministério da pregação sem essa relação pessoal e direta com a Palavra de Deus. Ela é a possibilidade de revelação atual mais concreta, donde podem surgir outras formas de manifestação da vontade divina. A leitura orante da Bíblia pode levar ao uso dos dons efusos: imagens de ciência, palavras de sabedoria, profecia e discernimento dos espíritos.

"A palavra do Senhor veio a mim." Essa fórmula, frequente no livro de Jeremias (cf. Jr 1,4.11.13; 2,1; 13,3), deve tornar-se constante na vida do pregador. Ele acolhe a Palavra e pensa em seus irmãos. Por isso, medita sobre o modo como transmitir aquilo que o Senhor lhe esclarece.

Jeremias, aliás, pode ser um modelo a esse respeito. Ele devorava as palavras de Deus e com elas se alegrava (cf. Jr 15,16), mesmo que seu efeito fosse devastador: "Todos os

---

[25] Cf. Ibid., p. 1871.

meus membros estremecem, torno-me como um bêbado, um homem tomado pelo vinho, por causa de tuas palavras" (Jr 23,9). Às vezes, a Palavra parecia abandoná-lo (cf. Jr 42,7). "Na vida desse homem, a Palavra tornou-se o fator-chave, o centro incômodo, desmancha-prazeres e ao mesmo tempo razão de ser, uma espécie de déspota imprevisível que, aparentemente, o aliena de si mesmo e de seus semelhantes para, de fato, mergulhá-lo no centro mesmo da realidade".[26] Jeremias poderia dizer, como o Padre Zezinho: "Tua Palavra é assim: não passa por mim sem deixar um sinal".

---

[26] Ibid., p. 707.

# 3
# UMA PORÇÃO DOBRADA DO ESPÍRITO DE OUSADIA

*"Por este motivo, eu te exorto a reavivar a chama do dom de Deus que recebeste pela imposição de minhas mãos. Pois Deus não nos deu um espírito de timidez, mas de fortaleza, de amor e de sabedoria"* (2Tm 1,6-7).

No primeiro capítulo deste livro, estabeleci certo primado ao dom de pregação, defendendo que ele é mais importante do que a oratória, embora esta seja determinante para otimizar o dom. Ora, São Paulo alerta o discípulo Timóteo a *reavivar* o dom de Deus que está nele. Isso significa que o carisma de pregação, assim como outros, deve ser zelado por aqueles que o portam.

Zela-se por um carisma, renovando-o em sua própria fonte. No caso, na relação com o Espírito Santo, doador de todos os dons, penso que a reincidência do batismo no Espírito sobre a mesma matéria tem como consequência uma renovação ou aperfeiçoamento da obra já feita. No caso dos pregadores, caminha-se para um progressivo arrojo e audácia que, numa linguagem bíblica, pode-se chamar de "porção dobrada do espírito de ousadia".

Como pode ser esclarecido esse particular na vida dos pregadores? Uma porção dobrada é um batismo em duas direções. A primeira delas indica ao pregador o caminho da ação do Espírito nas *lacunas do imprevisível*. Trata-se do entendimento e da experiência de acolher a intervenção do Senhor naquilo que não estava programado; em alguns espaços, mesmo que pequenos, deixados intencionalmente pelo pregador como lugares de cultivo da ousadia.

Um pregador deve estar aberto a isso, considerando essas lacunas como momentos privilegiados de uma ação ousada. Isso implica certa renúncia de racionalidade e programação excessiva e uma abertura ao absurdo, ao incabível e, por que não dizer, ao transracional. Um pregador que se preocupa em enquadrar a ação do Espírito apenas dentro de suas categorias mentais, mesmo teológicas, perderá de ver aquelas manifestações de Deus mais arrojadas e atraentes.

A filosofia moderna entravou esse processo de abertura ao transracional. As categorias religiosas foram introduzidas nos esquemas da racionalidade, levando as pessoas a agirem, mesmo em sua experiência com Deus, sem jamais se desarrazoar.[27] É necessário romper com esse paradigma e associar-se a uma visão de religiosidade mais *encantada*, pelo que se torna possível adentrar-se no mistério da imprevisibilidade de Deus.

Esse rompimento também é imperativo para que haja abertura aos dons efusos. A meu ver, eles encontram maior possibilidade de manifestação quando se abre mão de um excessivo controle racional. Ou seja, eles tendem a aparecer em espaços religiosos encantados, mesmo que tais ambientes estejam em certo estágio de imaturidade ou até de desequilíbrio

---

[27] Cf. Ronaldo José de SOUSA, *Carisma e instituição*, p. 15-18.

espiritual. Ao contrário, os dons efusos, cujo caminho é a subjetividade,[28] dificilmente encontram lugar onde houver maturidade teológica, porém, com alto nível de burocratização.

Por que São Paulo escreveu uma catequese sobre os carismas à comunidade de Corinto e não a outra? A resposta é muito simples. O conteúdo das encíclicas paulinas tem a ver com a realidade das unidades comunitárias. Historicamente, a formação é sempre ulterior à ação do Espírito. Corinto era a comunidade fundada pelo apóstolo em que a fluência dos dons efusos era mais visível.

As razões para essa fluência carismática em Corinto podem ser encontradas no próprio ambiente cultural da cidade. Ela possuía meio milhão de habitantes, uma população extremamente heterogênea, além de ser um centro comercial para o qual convergiam várias tendências religiosas e ideológicas. Os cultos do Oriente exerciam indiscutível sedução sobre as pessoas, além das correntes de pensamento que se difundiriam no século II sob o nome genérico de "gnosticismos".[29]

Para ser mais direto: a comunidade de Corinto estava acostumada com fenômenos de natureza religiosa dissociados da razão. É por isso que algumas manifestações desordenadas ameaçavam reproduzir-se nas assembleias cristãs.[30] É também por isso que São Paulo começa seu discurso indicando que, a respeito das manifestações do Espírito, ele não quer que as pessoas permaneçam na ignorância, ou seja, é necessário esclarecer a fronteira entre o que vem e o que não vem de Deus.

Paulo sabia que os coríntios podiam se confundir. Sua preocupação se justifica pelo fato de que, no paganismo, era

---

[28] Cf. Id., *Pregador ungido*, p. 23.
[29] Cf. BÍBLIA Tradução Ecumênica, p. 2201.
[30] Cf. Ibid., p. 2201.

comum a presença de fenômenos espirituais muito parecidos com aqueles vivenciados sob a inspiração do Espírito Santo. Havia, portanto, uma predisposição aos dons, proporcionada pela ausência de uma racionalidade exacerbada, fruto da própria atitude religiosa já existente antes da chegada do cristianismo. A comunidade cristã de Corinto era o reflexo fiel da cidade.[31] "Por isso, cumpre proceder a um discernimento para saber se, quando sobrevém a inspiração, sua origem é o Espírito Santo, ou então outras forças ou poderes".[32]

Qual o ensinamento deixado pela comunidade de Corinto? Que o Espírito Santo age acima da razão humana. Que uma religiosidade que escapa aos parâmetros da racionalidade excessiva tem maiores chances de promover um movimento carismático. A comunidade de Corinto não tinha medo de arriscar. Estava acostumada com isso. Era animada e fervorosa e não sabia praticar religião de outro modo. Exposta aos perigos da vida ambiente, tanto religiosa como social, soube tirar proveito disso. Paulo não escreve aos coríntios para proibir as manifestações (cf. 1Cor 14,12.39), mas para ensiná-los a discernir, colocando sobre a experiência religiosa pré-existente, critérios sólidos para exame de tudo e acolhimento do que é bom.[33] Note-se que São Paulo, em certo sentido, faz uma catequese utilizando-se dos próprios mecanismos experienciais já promovidos na comunidade.

Não estou querendo dizer que a religiosidade sincrética de Corinto foi pré-requisito para manifestações do Espírito, nem

---

[31] Cf. Ibid., p. 2201.
[32] Cf. Ibid., p. 2220.
[33] A meu ver, os princípios fundamentais para esse discernimento são o senhorio de Jesus e a caridade (cf. Ronaldo José de SOUSA, *Pregador ungido*, p. 22-25).

que elas só ocorrem onde há sincretismo. Mas estou tentando fazer notar que aquilo que parece ruim em si mesmo tornou-se o caminho pelo qual Deus se revelou de forma diferenciada.

Não há dúvidas de que a comunidade de Corinto distinguia-se das demais. A meu ver, Corinto foi a mais fértil das comunidades paulinas. Nela se formaram partidos, principalmente após a chegada do carismático e eloquente pregador Apolo (cf. 1Cor 1,10-17). Existiram problemas de desregramento sexual (cf. 1Cor 5,1-5), dúvidas a respeito do casamento e do celibato (cf. 1Cor 7,1-16) e disputas por causa de carnes oferecidas aos ídolos (cf. 1Cor 8,1-13). Em Corinto, não podia faltar a questão relativa à ressurreição dos mortos e à volta de Jesus (cf. 1Cor 15,1-58).

Esses problemas são próprios de uma comunidade dinâmica, em cujo dia a dia existe abertura para a experiência religiosa. As pessoas não tinham medo do enfrentamento das próprias realidades espirituais nem procuravam enquadrá-las em categorias já existentes. Tratava-se de uma comunidade aberta ao novo e ao desconhecido. Foi aos coríntios que Paulo falou da *loucura* da cruz (cf. 1Cor 1,18-25). Mas foi também a eles que pediu ajuda para Jerusalém, demonstrando que se sentia à vontade para se dirigir àquela comunidade onde passou pelo menos dezoito meses (cf. 2Cor 9, 1-14).[34]

São Paulo chega a afirmar que é mesmo necessária a existência de cisões, para tornar possível a manifestação daqueles que são realmente virtuosos (cf. 1Cor 11,19). Das duas encíclicas dirigidas à comunidade, o apóstolo destina uma para resolver os problemas e outra só para se defender contra os adversários. Nem Paulo escapou dos coríntios. "Vós vos distinguis em tudo...", disse (2Cor 8,7).

---

[34] Cf. BÍBLIA Tradução Ecumênica, p. 2201.

Não tenho medo de afirmar que é necessário fazer uma análise positiva de um aparente desequilíbrio. É necessária uma visão otimista acerca de certas tendências, mesmo imprudentes, que certamente são aproveitadas por Deus para introduzir sua ação. Isso muda a referência em relação às expectativas quanto ao modo de Deus proceder, deixando de lado o paradigma de um discernimento fechado ao a-racional. No começo de minha caminhada, fiz muitas coisas que hoje julgo imprudentes. Mas reconheço a importância que elas exerceram sobre aquela fase inicial. Além disso, foi muito gostoso vivê-las!

A presença de grupos carismáticos no contexto religioso é muito antiga. Quase todas as religiões dispõem dessas expressões. Elas parecem exercer uma função importante no conjunto da própria estrutura da religião e não são apenas apêndices ou meros acidentes de percurso. Para mim, essa função é de apontar para a ousadia. E ai da religião que não se interessa por tais manifestações.

Na economia da Antiga Aliança também existia um grupo carismático. Ele pode ser encontrado em 1Sm 19,18-24. O texto narra a fuga de Davi depois que Saul tentou matá-lo. Davi fugiu para junto de Samuel, em Naiot. Saul mandou homens para prendê-lo e estes encontraram uma comunidade de profetas *em delírio*. À frente, o próprio Samuel. O clima de exaltação parecia tão intenso, que os enviados de Saul puseram-se também a profetizar. O mesmo ocorreu com o segundo e o terceiro grupos de enviados. Saul resolveu ir pessoalmente a Naiot e, ainda no caminho, "assaltou-o também o espírito de Deus, e foi tomado de transes por todo o caminho". Depois disso, despiu suas vestes, profetizou diante de Samuel e ficou prostrado por terra durante todo o dia e toda a noite. Daí o dito: "Está Saul também entre os profetas?".

A narrativa inclui os três personagens mais importantes de Israel naquele momento histórico: Samuel, Davi e Saul. Todos os três submetem-se, sob impulso espiritual, a uma situação não muito convencional.[35] Isso é sinal de que a influência dos grupos carismáticos sobre as estruturas religiosas e sociais não é acidental e pode ser admitida formalmente pela instituição. Portanto, o poder do Espírito pode se encontrar nas lacunas do imprevisível. Ele se desdobra por meio do incomum, daquilo que não é convencional. O próprio Jesus alertou para o perigo de um zelo excessivo: "Arrancando o joio, arriscais a tirar também o trigo. Deixai-os crescer juntos até a colheita. No tempo da colheita, direis aos ceifadores: arrancai primeiro o joio e atai-o em feixes para queimar. Recolhei depois o trigo em meu celeiro" (Mt 13,29-39).

É por isso que não me assusto quando preciso evangelizar ambientes em que as pessoas estão imbuídas de um espírito religioso sincrético, emotivo, imaturo ou até gnóstico. Temo antes ambientes com forte indiferentismo religioso ou religiosidade tradicional estéril e sem perspectivas para o novo.

O pregador deve admitir incidências espirituais imprevisíveis sobre seu carisma de pregação, para que se acostume com os efeitos inesperados da ação de Deus e não se mova somente pelo comum, pelo normal, pelo óbvio.

Presenciei algo certa vez, que nunca esqueci, e tirei uma lição interessante nesse sentido. Tinha acabado de chegar ao local onde haveria um importante encontro de comunidades de vida e aliança. Depois de um bom banho, resolvi caminhar um pouco. Quando ia descendo as escadas do alojamento, escutei um barulho intenso de pegadas e logo vi

---

[35] Quanto a Davi, o texto não deixa claro que também passou por situação de transe, mas não é difícil imaginar que também ele estivesse entre os que profetizavam.

uma quantidade significativa de pessoas subindo os degraus, ao que recuei e esperei.

À frente, vinha um homem adulto com uma caixa grande. Ele a colocou no chão do rol que dava para os quartos e as outras pessoas foram chegando e cercando o objeto. Aquilo me chamou atenção e resolvi esperar para ver o que estaria acontecendo. O líder do grupo abriu a caixa, que estava repleta de bolos. As pessoas pareciam com bastante fome. Vinham de uma viagem longa e transpareciam ansiedade para comer. Foi quando, de repente, saiu do meio da caixa uma barata daquelas imensas. Saiu como quem não queria nada e passeou entre os bolos tranquilamente. Qual não foi a frustração daquelas pessoas! Os que avançavam para a caixa pararam subitamente e ficaram ali, estáticos, com aquele olhar de decepção e de quem se pergunta: "E agora? O que vamos fazer?" Os olhos de alguns já estavam nadando em lágrimas. Aqueles segundos de espera pareciam uma eternidade. Nem o líder ousou aproximar-se mais da caixa. A tristeza era geral.

Até que um deles saiu lá de trás, pediu licença, aproximou-se da caixa e proclamou: "Está lavado no sangue de Jesus!" Depois disso, os outros partiram na direção desses bolos e, em poucos minutos, não havia mais nenhuma migalha. Não deu para ver nem o destino da barata.

Entre as muitas coisas boas daquele encontro, lembro-me principalmente desse episódio. Aquelas pessoas estavam numa situação difícil. Acredito que só tinham aquilo para comer. Não tenho dúvidas de que aquele homem que saiu de trás foi movido pelo Espírito Santo, para solucionar um problema grave e em pouco tempo. Ele agiu numa lacuna deixada pelo líder escrupuloso e convencional.

Também hoje, muitas pessoas morrem de fome da Palavra de Deus, enquanto que os pregadores não investem no potencial de seu dom, em seu aspecto mais imediato, fora do óbvio. *E a ousadia é o campo próprio dos milagres.* Creio que não falta à maioria dos pregadores a abertura para acolher a graça de Deus, mas a ousadia para transbordá-la. Não falo de precipitação, mas de, no discernimento, ultrapassar a barreira do evidente. Isso reaviva o dom de pregação e indica a primeira direção do batismo no Espírito.

Mas Deus reservou uma porção dobrada. Por isso, é necessário advertir para a segunda direção desse batismo. Trata-se da ação do Espírito Santo na própria racionalidade. O pregador deve acreditar que Deus ungiu sua inteligência para que compreenda a revelação. Essa é a outra forma de manter vivo o carisma de pregação. É a racionalidade que sistematiza o conhecimento sobre Deus e o torna comunicável.

Por isso, o pregador não hesita em estudar e preparar-se permanentemente. Aqui, Deus age no previsível, e o reavivamento acontece enquanto se busca um conhecimento cumulativo. O pregador conta com a incidência do Espírito Santo sobre sua inteligência, sobretudo quando concebe a pregação. Nessa matéria, ele posta-se com responsabilidade, evitando o improviso e o despreparo, que não seria senão uma negligência em relação ao carisma.

Isso é muito sério. Quando sei que vou pregar em algum lugar, sobre determinado tema, começo imediatamente a dar espaço ao Senhor em minha racionalidade. Penso insistentemente sobre o tema, sobre como elucidá-lo, sobre como enfocá-lo sob a perspectiva mais oportuna para aquele tipo de público. Anoto todas as moções apreendidas. Acredito que Deus age em minha inteligência, por isso não desconsidero nem mesmo as mais simples ideias concebidas em minha mente. Mesmo que depois seja necessário selecioná-las. Tudo isso, independente de quanto tempo falta para o dia de pregar.

Certa vez deixei para preparar uma pregação na véspera. Tinha tranquilidade e ambiente adequado para fazê-lo e sabia que o tema não era difícil. Quando pedi ao Senhor a moção a respeito do que Ele queria comunicar às pessoas, senti que ela estaria *no contexto* da expressão bíblica dada inicialmente. Ora, era um versículo do livro de Neemias e, para contextualizá-lo profundamente, seria necessário ler Esdras (pelo menos até 6,22) e, se possível, os dois livros de Crônicas.[36] Se eu tivesse dado atenção ao tema desde o primeiro momento que o recebi, teria preparado melhor a palestra, pois haveria tempo de ler todo o contexto.

Além da racionalidade, essa segunda direção da incidência do Espírito diz respeito também ao próprio interior do pregador. É uma ação mais escondida e discreta, porém, não menos epifânica, por causa da conversão que opera. Como é bom sofrer esses efeitos e perceber a ocorrência da graça sobre a pessoa em seu aspecto ontológico.

Nesse sentido, o Espírito Santo *se faz unção*, assim como o Verbo se fez carne.[37] Deus permanece habitando com os homens por meio do Espírito (cf. Jo 14,18; Mt 28,20). A unção é a maneira de o Espírito introduzir-se e continuar na história humana. A unção é, por assim dizer, a manifestação histórica do Espírito. A era atual é a era do Espírito Santo, pois seu envio constitui um evento permanente e irreversível.[38]

---

[36] Os livros de Neemias e Esdras formam sequência natural das Crônicas (cf. BÍBLIA Sagrada, p. 26).
[37] Cf. Leonardo BOFF, In. Pedro A. Ribeiro de Oliveira et all, *Renovação Carismática Católica*, p. 170.
[38] Cf. Ibid., p. 171.

E o que é a unção? Já disse algo sobre isso.³⁹ Aqui, quero apenas partilhar uma experiência de oração, o que servirá também como exemplo de uma *lectio divina* em perspectiva de revelação, tal como enunciei no segundo capítulo deste livro. Iniciei minha oração pessoal espontaneamente, até que senti no coração uma moção do Senhor. Entendia que *a unção é um brilho*. "Brilho" era a palavra, e ela me fez abrir a Bíblia em Êx 34,29-30:

"Moisés desceu do monte Sinai, tendo em suas mãos as duas tábuas da Lei. Descendo do monte, Moisés não sabia que a pele de seu rosto se tornara brilhante, durante sua conversa com o Senhor. E, tendo-o visto, Aarão e todos os israelitas notaram que a pele de seu rosto se tornara brilhante e não ousaram aproximar-se dele".

Ali, contemplei o rosto irradiante de Moisés e compreendi que a unção é esse diferencial que faz brilhar. Assim, dois pregadores falando sobre o mesmo conteúdo podem criar climas diferentes, dependendo do "brilho" de sua pregação. A unção serve para chamar atenção para as realidades espirituais. Uma pessoa ungida provoca positivamente o senso religioso dos outros.

Depois desse entendimento, senti o Senhor alertando-me de que eu precisava de uma porção dobrada de unção. Até por causa de minhas imensas limitações e fraquezas. Não hesitei em procurar o texto de 2Rs 2,9: "Tendo passado, Elias disse a Eliseu: 'Pede-me algo antes que eu seja arrebatado de ti. Que posso eu fazer por ti?'. Eliseu respondeu: 'Seja-me concedida uma porção dobrada de teu espírito'".

O profeta Eliseu pediu "uma coisa difícil": uma porção dobrada do espírito de Elias (cf. 2Rs 2,10). Vi que esse

---

³⁹ Cf. *Pregador ungido*, p. 15-21.

derramamento da unção em dobro era imprescindível em minha vida. Não se trata de um acréscimo para que eu seja melhor, mas de uma necessidade pessoal.

"Porção dobrada" é uma maneira figurativa para dizer que o batismo no Espírito Santo incide nessas duas direções: intuitiva e racional, exterior e interior, fenomenológica e ontológica. Em muitas realidades, essa dimensão ontológica da unção precisa ser aprofundada. As pessoas precisam aprender que o Espírito de Deus está *nelas,* e, portanto, suas ações mais elementares podem ser resultado dessa habitação: "É ele o Espírito da verdade, aquele que o mundo é incapaz de acolher, porque não o vê e não o conhece. Quanto a vós, vós o conheceis, pois ele permanece junto de vós e *está em vós*" (Jo 14,17, grifo meu).

O povo de Israel fez a experiência de Deus como presença histórica e só depois o identificou como criador de todas as coisas. Parece que os cristãos fazem o contrário: aprendem antes que Deus é criador e eterno e, por causa disso, têm dificuldades de compreender que Ele está em seu meio, agindo no interior de cada batizado.

Prosseguindo minha reflexão, senti Deus indicando-me outro significado de unção: transfiguração. Compreendi que a unção promove uma mudança de figura, uma transformação radical. Aqui, vinha à minha mente a imagem do Crucificado. Entendi que essa metanoia não pode ser aparente, mas profunda, a ponto de adquirir a imagem de Cristo, assemelhar-se a Ele, completar na carne o que faltou a seus sofrimentos (cf. Cl 1,24; Gl 2,19-20).

Abri o texto de Mt 17,1-4:

"Seis dias depois, Jesus tomou consigo Pedro, Tiago e João, seu irmão, e conduziu-os à parte a uma alta montanha. Lá se transfigurou na presença deles (...). E eis que apareceram Moisés e Elias conversando com ele. Pedro tomou então a palavra e disse-lhe: 'Senhor, é bom estarmos aqui. Se queres, farei aqui três tendas, uma para ti, uma para Moisés e outra para Elias'".

Contemplei a cena. E quem encontrei lá? Moisés e Elias, as personagens-chave das outras duas passagens que o Senhor havia me indicado anteriormente. Compreendi que a transfiguração é a plenitude da unção. Por um momento, armei minha tenda e conclui como Pedro: "É bom estar aqui".

Vários salmos enunciam o significado da unção, num caminho de acomodação bíblica bastante oportuno.[40] A unção "é como o óleo que perfuma a cabeça e desce pela barba (...). É como o orvalho do Hermon, que desce pelas montanhas de Sião" (Sl 133,2a.3a.). A unção "é como o vinho, que alegra o coração do homem, fazendo os rostos brilharem mais que o óleo" (Sl 104,15a). O pregador que fundamenta sua vida na unção será como as árvores do Senhor, bem viçosas, como os cedros que no Líbano plantou (cf. v. 16). Ali, as aves farão seus ninhos, ou seja, muitos encontrarão no homem ungido o abrigo, o refúgio e o aconchego (cf. Sl 104,16-17).

Todos os pregadores esperam que Deus lhes dê o alimento no tempo oportuno, no momento certo da pregação (cf. Sl 104,27). Esperam alimento farto, para serem saciados (cf. Sl 104,28). Se não têm isso, apavoram-se e perecem, ou seja, a pregação perde o sopro (cf. Sl 104,29). Mas, pelo contrário, se são ungidos, são a alegria do Senhor (cf. Sl 104,31). E cantam a Ele por toda a vida (cf. Sl 104,33).

O Sl 92 faz pensar numa unção vivificante: "Reergueste minha fronte como o chifre do búfalo e eu me banho em óleo

---

[40] A designação dos salmos segue a BÍBLIA Tradução Ecumênica.

fresco" (cf. v. 11). A unção dignifica o homem. É uma força real, agindo dentro dele, fazendo-o entender sua nova condição: a condição de filho de Deus e de nova criatura. Erguer a fronte é sinal de levantar-se. O chifre é sinal de poder. A criatura é reerguida no poder de Deus. Penso no corpo todo banhado de óleo, pronto para a luta, com aquele brilho característico de quem tem poder e com aquela facilidade de escapar das ciladas, mesmo entre muitos perigos. Penso e associo ao espírito ungido, ao interior batizado no Espírito Santo, sendo capaz de trilhar por caminhos inimagináveis.

O pregador está plantado na casa de Deus (cf. Sl 92,14). Brota de lá. Só assim é possível expandir-se. A unção é sua morada, sua tenda de adoração perpétua. A unção é a resposta para a necessidade de permanecer na casa de Deus, mesmo nas circunstâncias atuais de falta de tempo e correria. Por meio dela é que o pregador habita em Deus e ali permanece em tempo integral. Ali, ora sem cessar e é constante sinal de amor.

Por intermédio da unção, Deus prepara a mesa à vista dos inimigos: "Perfumas minha cabeça com óleo, minha taça é inebriante" (Sl 23,5b). A taça é o coração do pregador. O objeto remete ao vinho, bebida extasiante, capaz de provocar pensamentos e atitudes acima da razão.[41] Note-se que o salmo evoca a figura do pastor para designar Deus (cf. v. 1). Ora, em termos de pregação, é melhor ser conduzido, abandonar-se, do que querer encontrar a unção como fruto dos esforços. É Deus que conduz às verdes pastagens, ou seja, às fontes da unção (cf. Sl 23,2). Dessa forma é que a taça, ou seja, o coração do pregador, torna-se transbordante.

Na mesma linha do salmo 23 estão as passagens de Jo 2,1-10 e de Lc 5,37-38. Nesta, Jesus fala de um vinho novo

---

[41] Cf. Ronaldo José de SOUSA, *Pregador ungido*, p. 21.

que precisa estar *em odres* também novos. O vinho novo pode ser entendido como sendo a unção, enquanto que o odre é o coração do pregador que precisa renovar-se. Na passagem de João, por sua vez, Jesus não somente fala de vinho, mas faz com que ele apareça *nas talhas* e mantenha a alegria. Por se tratar de um milagre, nesse episódio o aparecimento do vinho remete à operação.

De maneira geral, o vinho assume três dimensões complementares nas passagens de Lucas, João e no Salmo 23. Em Lucas, o vinho tem o sentido de uma nova mentalidade (conversão); em João, sentido de milagre (ação) e no Salmo 23, sentido de morada (habitação): "E habitarei na casa do Senhor por longos dias" (Sl 23,6b). Os três sentidos podem ser aplicados vivencialmente ao ministério da pregação.

O texto de 1Rs 17,7-16 também me faz lembrar da unção. Este narra que o profeta Elias foi para um lugar chamado Sarepta, onde o Senhor havia ordenado que uma viúva o sustentasse. Era um tempo de escassez de chuvas e, portanto, de dificuldades materiais. Biblicamente, a viúva sempre representa uma categoria de pessoas desamparadas e sem recursos. Mas foi ela quem alimentou Elias, embora só tivesse "um punhado de farinha na panela e um pouco de óleo na ânfora". Se o pregador for como essa viúva – pobre, dependente, mas obediente –, não lhe faltará a unção, mesmo em tempos de escassez de profecias, de ardor missionário, de gozo pelo anúncio ou de sabor pela caminhada. É Deus que garante: "Porque eis o que diz o Senhor, teu Deus: a farinha que está na panela não se acabará, e a ânfora de azeite não se esvaziará, até o dia em que o Senhor fizer chover sobre a face da terra" (v. 14). Até o dia em que, de novo, lhe aprouver renovar todas aquelas coisas.

Por fim, Mt 25,1-13 traz a parábola das dez virgens que conduziam *lâmpadas* e que deveriam iluminar o caminho do noivo.[42] As lâmpadas deveriam portar óleo, substância essencial para provocar fogo. Como algumas daquelas virgens, muitos pregadores preocupam-se demasiadamente em demonstrar fogo, ou seja, em aparentar unção por força da tonalidade das palavras. Alguns até ficam aguardando os aplausos depois de alguns ditos óbvios ou sem sentido, porém entusiásticos. Não adianta forçar fogo sem óleo.

Conta-se que uma pessoa que nunca tinha visto um palito de fósforo ficou encantada com seu efeito. Pensou que poderia ganhar muito dinheiro, enviando aquela maravilha a seu país, pois seus conterrâneos não a conheciam. E assim o fez. Depois de alguns meses, telefonou para sua mulher para saber como iam os negócios. A mulher informou que ninguém havia comprado os fósforos, pois estes não funcionavam, ao que ele, indignado, respondeu: "Mas como não funcionam, mulher, se eu testei todos antes de enviar?".

Às vezes penso que certos pregadores caem nesse equívoco: querem provocar fogo sem combustível. Confundem unção com entusiasmo e, embora consigam empolgar alguns, não cumprem adequadamente sua missão. Não vejo problema que o público de uma pregação reaja com aplausos, desde que isso parta de dentro, ou seja, que não seja mero fruto de uma manipulação psicológica ou animação superficial.

O coração é o depósito da força do Espírito; de uma unção encontrada na relação pessoal com Deus. É incrível como alguns querem topar com todas as respostas nos livros, nas palestras ou nos cursos. Numa palavra, buscam nos reservatórios dos outros, onde não há o suficiente "para nós e para vós".

---

[42] Cf. sobre isso, Id., *Fogo sobre a terra*, p. 56-59.

Todas as passagens bíblicas às quais me referi há pouco trazem um objeto que comporta algo: a taça, o odre e as talhas cheias de vinho, respectivamente no Salmo 23, em Lucas e em João; a ânfora em 1Reis e a lâmpada em Mateus, que necessitam de óleo para alimentar e iluminar. Não posso deixar de comparar esses objetos com a própria pessoa do pregador e seu conteúdo com a unção do Espírito, que embriaga, converte e habita, proporcionando alimento e luz para o mundo. Portanto, é da unção que provém a ousadia. Diria: de sua porção dobrada. Do batismo no Espírito em duas direções. Isso é tanto mais verdade no ministério da pregação. Certa vez alguém me passou um e-mail indagando como seria possível um pregador proclamar palavras de ciência enquanto prega. Pensei na baleia. Ela precisa vir esporadicamente à superfície das águas para respirar. Por isso, não pode dormir. Morreria afogada se caísse no sono. Safa-se, porque tem a capacidade de repousar apenas um lado do cérebro, enquanto o outro fica atento. Creio que seja isso que o pregador deva fazer: usar os dois lados do cérebro, ou seja, raciocinar ungidamente e, ao mesmo tempo, ficar atento às moções intuitivas de Deus. Talvez não tenha sido por acaso que a pessoa que me fez essa pergunta chame-se Jonas (cf. Jn 2,1-2).

A incidência do Espírito tem de ser dobrada, pois Jesus enviou os pregadores como ovelhas no meio de lobos. Eles têm de ser astutos como as serpentes e simples como as pombas (cf. Mt 10,16). Como assumir as características de animais tão diferentes em sua natureza e constituição física? A pergunta não deixa de apresentar dificuldades. Mas muitos têm experimentado essa dupla investida do Espírito. Espírito que não é de medo nem de timidez, mas de fortaleza, amor e ousadia.

49

# 4

# EU VOS BATIZO COM ÁGUA

*"O povo estava na expectativa e todos se perguntavam em seu coração a respeito de João: não seria ele o Messias? João respondeu a todos: 'Eu vos batizo com água; mas vem aquele que é mais forte do que eu, e eu não sou digno de desatar-lhe a correia das sandálias. Ele vos batizará no Espírito Santo e no fogo'"* (Lc 3,15-16).

Quando João Batista apareceu no deserto, pregando um batismo de conversão, procurou caracterizar seu ministério pela semelhança com o Mestre.[43] Isso fazia com que todos se perguntassem se ele não era o messias. A identificação era tão forte que seus discípulos permaneceram em dúvida ainda por muito tempo (cf. At 13,25; Jo 1,19-20, 3,28).

A pregação de João Batista já manifestava a obra de Deus e o cumprimento de suas promessas. Ela era cristocêntrica, ou seja, estava concentrada na pessoa do Verbo feito carne. E, mesmo assim, a dúvida persistia no coração das pessoas.

Ora, penso ser essa a situação de um pregador ungido e ousado: ele reflete o pensamento e a obra de Jesus e, por isso mesmo, é nele que as pessoas veem o sinal da presença

---

[43] Cf. Ronaldo José de SOUSA, *Pregador ungido*, p. 63-64.

de Deus. Isso pode provocar uma situação de confusão em relação ao centro da mensagem, como acontecia com João em relação a Jesus. Na mente das pessoas, quem fica mais forte: Jesus ou o pregador? Essa situação pode provocar nas pessoas reações que beiram a mitificação do pregador. Alguns chegam a imaginá-lo fora dos padrões comuns de individualidade, como se o pregador não fosse uma pessoa como outra qualquer, cheia de defeitos e fraquezas. É, analogamente, a mesma coisa que acontecia com João, muito embora este tenha feito da humildade uma marca de seu discurso (cf. Jo 1,20). Do outro lado, o próprio pregador pode envaidecer-se e esquecer-se de que seu ministério depende diretamente do dom que Deus derramou sobre ele.

A resposta do Batista à multidão esclarece algo substancial nesse sentido. Duas coisas estão contidas na fala de João. Em primeiro lugar, ele se reconhece indigno de desatar as correias das sandálias de Jesus.[44] Calçar ou desatar as sandálias de alguém era uma tarefa própria dos escravos.[45] Mas isso ainda é pouco. Soa-me como um gesto de humildade, coisa que qualquer pregador também pode fazer, declarando-se incapaz e fraco. Dizer às pessoas que ele não faz nada por si mesmo, que depende de Deus e que seu ministério é fruto de um dom não afasta as pessoas da ideia de que o pregador é o centro da mensagem.

Para mim, o determinante do discurso de João é quando ele afirma: "Eu vos batizo com água; mas vem aquele que é mais forte do que eu (...). Ele vos batizará no Espírito Santo e no fogo". Essa afirmação evidencia a distância substancial que existe entre a atividade de João (batizar na água) e a de

---

[44] Em Marcos, essa asserção vem separada e antes de "Eu vos batizo com água" (cf. Mc 1, 7-8).
[45] Cf. BÍBLIA Tradução Ecumênica, p. 1924.

Jesus (batizar no Espírito). Aqui não é apenas um aceno de humildade, mas uma constatação da realidade: aquele que vem depois é o Forte, capaz de operar concretamente aquilo que João apenas aponta.

A segunda afirmação de João explica o que pode fazer com que as pessoas compreendam claramente qual a função do pregador e em que lugar ele deve ser colocado. Na verdade, é o batismo no Espírito, recebido preferencialmente após a pregação, que esclarece ao ouvinte qual a diferença fundamental entre aquele que lhe falou e Aquele que foi anunciado. É a incidência do Espírito Santo sobre a vida da pessoa que a faz experimentar aquilo sobre o que ouviu falar. Experimentando *em si mesmo* a graça posterior à palestra, ela consegue separar os conteúdos, porque provou efetivamente da ação direta de Deus. O ouvinte pode afirmar o mesmo que disseram os samaritanos: "Não é somente por causa de teus dizeres que nós cremos; nós mesmos o ouvimos e sabemos que ele é verdadeiramente o Salvador do mundo" (Jo 4,42).

Todo pregador deve estar profundamente consciente disso. Ele deve pregar sempre em vistas da incidência do Espírito. Assim, ele mesmo compreende seu lugar e livra-se da tentação de apropriar-se daquilo que efetivamente não é seu, ou seja, do coração das pessoas. É essa compreensão que João Batista deixa transparecer quando afirma:

"Um homem não pode atribuir-se nada além do que lhe é dado do céu. Aquele que tem a esposa é o esposo; quanto ao amigo do esposo, mantém-se ao pé dele, e o escuta, e a voz do esposo o enche de alegria. Tal é minha alegria, ela é perfeita. É preciso que ele cresça e eu diminua" (Jo 3,27.29-30).

Não adianta elaborar um discurso humilde, embora seja bastante saudável postar-se diante do público com modéstia. Dizer "eu não sou" não é suficiente para estabelecer os limites necessários. É indispensável que as pessoas experimentem o "batismo com fogo", sob pena de continuarem com o entendimento obscurecido a respeito da realidade que presenciam. Portanto, toda a pregação é incompleta. Ela só se inteira com o derramamento do Espírito. Assim como o ministério de João, o serviço da pregação tem a função apenas de preparar o caminho. Cada pregador é um precursor, no sentido de que se antecipa ao Senhor e endireita-lhe a vereda, levando as pessoas a uma mudança de mentalidade.

Deus me concedeu a graça de experimentar isso em meu ministério de pregação. Sinto profundamente a distância que existe entre o que faço e o que tem de acontecer. Percebo como minha pregação, por mais bem feita e atraente que seja, é insuficiente para levar a termo a obra da salvação na vida das pessoas. Elas precisam de algo mais, de um complemento essencial que nada mais é do que o batismo no Espírito Santo e no fogo.

Como minha pregação é pobre! Dista significativamente da ação de Jesus. Ela é como a atividade de João: incompleta. Lucas chega a fazer uma oposição entre o batismo *com* água, conferido pelo Batista, e o batismo *no* Espírito, que será inaugurado em Pentecostes. Isto leva a pensar que a pregação é um instrumento, enquanto que o Espírito é uma presença ativa.[46]

Entretanto, isso não diminui a responsabilidade do pregador. A pregação é um mecanismo privilegiado que dispõe as pessoas para receberem o batismo no Espírito. Ela é, por assim dizer, o "batismo na água", que precede e prepara a ação de Deus na vida

---

[46] Cf. Ibid., p. 1976.

das pessoas. O anúncio ungido e ousado abre caminhos, aplaina veredas, quebranta os corações das pessoas para o "acabamento" do Espírito. Uma pregação não é ainda a obra, não é o feito concreto, mas seu apresto. Por ela, os ouvintes absorvem a mensagem com o entendimento e geram uma expectativa.

O objetivo primeiro de uma pregação sempre será encaminhar as pessoas para o batismo no Espírito. Não importa o tema nem o momento. Há sempre uma necessidade da investida do fogo para que as pessoas experimentem concretamente o que lhes foi anunciado. A pregação é um batismo com água. Ela purifica a mentalidade e, nesse sentido, *antecipa* a obra de Deus. É uma manifestação *já e ainda não* das promessas de Deus. Portanto, o pregador não tem a noiva, no sentido de que não é ele que usufrui os frutos do que semeou (é muito perigoso quando alguém quer fazê-lo). Mas é ele que dispõe o caminho do noivo. Deve, portanto, contentar-se em ser "amigo do esposo".

Uma boa pregação termina com aquele sentimento de que algo a mais está por vir. O bom pregador é aquele que gera nas pessoas uma certeza de que Deus agirá. É uma apreensão *a priori*, um suscitar da fé expectante. Após ouvir uma boa pregação, as pessoas esperam o novo. Esperam Deus!

Assim sendo, penso que o instante privilegiado da ação do Espírito nas pessoas é *logo após* a pregação, assim como o momento particular da unção na subjetividade do pregador é o tempo de duração da palestra.[47] Logo em seguida à comunicação da mensagem, a assembleia tende a tornar-se fecunda, sensibilizada, propensa a encontrar-se com "aquele que é mais forte".

No contexto da parábola do semeador, Jesus indica que alguns escutam a palavra e *"logo vem Satanás* e retira a Palavra

---

[47] Cf. Ronaldo José de SOUSA, *Pregador ungido*, p. 16-17.

que neles foi semeada" (Mc 4,15b, grifo meu). Parece que até o Demônio sabe que o ensejo privilegiado para a ação do Espírito Santo nas pessoas é o instante seguinte ao anúncio da Palavra. Em Mateus, a atitude de ouvir e não compreender é explicada pela ação do Maligno (cf. Mt 13,19). Ora, isso é possível evitar pela oração. O pregador pode rezar pelas pessoas que irão escutá-lo, para que compreendam a mensagem e gerem a expectativa de receber o Espírito, não permitindo que o Demônio as afaste dessa oportunidade. Trata-se de uma batalha espiritual travada anteriormente à pregação. Aliás, essa é a única situação referida na parábola do semeador que pode ser evitada por quem vai pregar:[48] rezando antecipadamente e promovendo o batismo no Espírito logo em seguida à pregação, antes que o Demônio tenha tempo de se intrometer.

Como dito, isso é o que consegue afastar definitivamente das pessoas a ideia de que o pregador é o centro da mensagem. A ação do Espírito logo após a pregação leva as pessoas a compreenderem, mesmo que intuitivamente, a efemeridade daquele que lhes anunciou. É então que o pregador assume seu lugar, não porque apresentou-se humildemente ou discursou sobre suas fraquezas, mas porque, efetivamente, as pessoas provaram de um poder muito maior do que o de sua arte oratória. É o batismo no fogo que se segue ao batismo na água.

Esse instante logo após a pregação é também particularmente privilegiado, porque o que se diz não fica na memória das pessoas por muito tempo (a não ser os sinais). A palavra *apronta para imediatamente*: "*No momento em que ele subia*

---

[48] Acolher com alegria e não ter raízes em si mesmos e ouvir a palavra, mas sufocá-la com os cuidados do mundo, é atitude que pertence à esfera da adesão individual e, portanto, não pode ser evitada pelo pregador, pois este não interfere no consentimento dos sujeitos.

*da água* – diz Marcos referindo-se a Jesus – viu os céus rasgarem-se e o Espírito como uma pomba descer sobre ele" (Mc 1,10, grifo meu). Daí o conselho de se fazer oração logo após a palestra.

Essa passagem é especialmente interessante por indicar que *os céus se rasgam*, numa forte manifestação simbólica da descida do Espírito. É um sinal de que Deus interpõe-se para realizar suas promessas.[49] Os céus rasgam-se como um tecido, ou seja, o Espírito realiza feito análogo ao de Jesus em sua morte, quando o véu do santuário abriu-se de alto a baixo, símbolo do livre acesso a Deus (cf. Mc 15,38).

Isso ajuda a compreender por que alguns pregadores se distinguem e são considerados melhores: eles preparam mais perfeitamente o caminho. Por mais lúcido que se possa ser no julgamento, não há como negar que essas diferenças existem de fato e que alguns pregadores exercem o ministério de forma mais convincente.[50] A unção e a boa técnica do pregador ousado evidenciam, recordam, fazem lembrar que Deus existe e que se pode contar com Ele.

Por meio de uma pregação em que o pregador não demonstra habilidade, unção e técnica, Deus também pode chegar ao coração das pessoas.[51] Mas o caminho estará mais difícil de ser percorrido. Essa deficiência só poderá ser suprida se houver uma predisposição no próprio público, como por

---

[49] Cf. BÍBLIA Tradução Ecumênica, p. 1924.

[50] Claro que isso pode variar de acordo com o tipo de público ou as circunstâncias criadas. Alguns pregadores exercem melhor seu ministério em determinados ambientes e com alguns assuntos específicos. No geral, porém, pode-se falar de "melhor pregador" medindo-se essa capacidade de preparar bem o caminho para o derramamento do Espírito Santo.

[51] Pelo fato de a pregação não ser *a ação em si*, os resultados podem ser diferenciados. A eficiência de qualquer pregação é, de *per se*, relativa.

exemplo no último dia de um retiro, em que as pessoas já foram sensibilizadas pelo clima de oração e por outras pregações. Sei que Deus é capaz de agir independente de qualquer coisa. A primeira pregação que fiz em minha vida tinha tudo para não dar certo. Fiz quase todas as coisas censuráveis em um pregador. Li um texto bíblico e fiquei rodeando em torno dele, sem dizer coisa com coisa e introduzindo asserções descontextualizadas e aleatórias. Além disso, estava acometido de uma rinite respiratória. Eu espirrava tanto, meu nariz escorria tanto, que foi preciso que uma moça presente no encontro ficasse o tempo todo me oferecendo lenços de papel. Era uma pregação sobre Nossa Senhora, que eu interrompia a cada vez que precisava assoar o nariz.

Para surpresa minha, no fim do encontro alguém testemunhou que tinha sido protestante e que durante minha pregação tinha entendido o quanto Maria era importante para a fé. Essa pessoa era justamente aquela moça que me oferecia os lenços. Esse primeiro e pequeno fruto ainda hoje soa como um sinal de que "não sereis vós que falareis, mas é o Espírito de vosso Pai que falará em vós" (Mt 10,20).

Mas isso foi um caso isolado, em que Deus usou de misericórdia para comigo, considerando o estágio em que me encontrava no exercício do ministério. Se continuasse daquele jeito, aquela pregação teria sido o início de um ministério que nunca se sedimentaria. Hoje entendo que é preciso preparar melhor o caminho.

Um testemunho concreto sobre isso é dado por São Paulo. O "apóstolo dos gentios" não era um grande orador (cf. 2Cor 10,10). Mas mesmo assim esforçava-se para sistematizar bem suas pregações, dando o melhor de si e construindo suas alocuções o mais perfeitamente possível. Entre os vários discursos de Paulo, impressiona-me aquele pronunciado em Atenas (cf. At 17,16-34).

Foi perfeito! Paulo construiu seu raciocínio a partir do ambiente e promoveu um singular exemplo de inculturação. O lugar era o Areópago.[52] Havia entre seus ouvintes filósofos epicureus e estoicos, membros das escolas filosóficas mais difundidas em Atenas naquela época. Ambas rejeitavam a existência de um Deus pessoal e absolutamente distinto do universo.[53] De pé, Paulo iniciou seu discurso a partir de um elemento religioso do lugar, para depois apresentar diretamente o Evangelho. Introduziu diversos enunciados filosóficos conhecidos e, quando falou que em Deus "nós temos a vida, o movimento e o ser", referiu-se a uma tríade platônica, que também tem a ver com *o ser* e *o devir* de Heráclito e Parmênides. Chegou a citar explicitamente o poeta Epimênides e os *Fenômenos* de Áratos (cf. v. 28). Em tudo isso, não deixou de comunicar a mensagem central da ressurreição de Cristo.

O resultado foi minguado. Alguns argumentam que foi por isso que Paulo passou, em Corinto, a utilizar-se de uma pregação menos adaptada e mais louca. Sinceramente, não creio nisso. Nem acredito que Paulo tenha se equivocado no método. Os frutos podem não ter aparecido em grande quantidade, mas o apóstolo "colocou a água" da forma mais adequada possível, explorando seus próprios atributos intelectivos e vivenciais. Note-se que alguns receberam o batismo no Espírito, inclusive um dos magistrados (cf. v. 34).

As circunstâncias fazem variar os resultados de uma preleção, mas, se as condições para pregar forem convenientes, o pregador deve esforçar-se ao máximo para preparar bem o caminho.

---

[52] O Areópago é uma colina. Aqui, é mais provável que se trate do conselho cujas atribuições tinham se tornado predominantemente religiosas e "universitárias" (cf. BÍBLIA Tradução Ecumênica, p. 2139).
[53] Cf. BÍBLIA Tradução Ecumênica, p. 2139.

A expectativa que ele consegue gerar é indicadora da eficiência de sua pregação e, portanto, de sua qualidade como pregador.

Toda a pregação deve estar, como a de João Batista, *concentrada* em Jesus. Nada mais é o objeto da pregação. Isso não significa que o pregador não possa utilizar-se de exemplos pessoais ou manifestar opiniões próprias. Mas isso ocorrerá adequadamente tanto mais quanto sua vida estiver identificada com a de Cristo. Assim, falar de si será como falar do Senhor.

Concentrado em Jesus, o pregador reconhece que é indigno de estar ali e que o que está fazendo não é *a obra*, o termo, mas o preparo. Ele inicia e conclui algo que de antemão sabe que é inacabado: sua pregação. Ela só se completará pela ação do Espírito de maneira concreta, na vida dos ouvintes e não apenas em sua atividade.

Para um pregador, é fundamental entender isso. O sabor de receber a atuação de Deus e ver cumprirem-se suas promessas é imensamente maior do que o prazer de ter ouvido alguém pregar, por mais habilidoso e convincente que seja o pregador. No coração de muitos, essa obra não se completará e, para estes, o pregador será apenas mais um bom orador. Outros, no entanto, entenderão claramente qual foi seu papel naquele momento: batizar na água, preparando o batismo no Espírito.

Outra situação exemplar sobre o papel da pregação no processo de aprestamento do batismo no Espírito encontra--se no capítulo 10 dos Atos dos Apóstolos. Depois de narrar como um anjo apareceu a Cornélio e o fez saber da existência de Pedro, Lucas descreve a visão que o próprio Pedro teve, quando estava hospedado na casa de certo Simão:

> "No dia seguinte, enquanto, seguindo viagem, eles se aproximavam da cidade, Pedro subira ao terraço da casa para rezar; era cerca de meio-dia. Mas sentiu fome e quis

comer. Estavam lhe preparando uma refeição quando um êxtase o surpreendeu. Ele contempla o céu aberto: desce de lá um objeto indefinível, uma espécie de pano imenso, vindo pousar sobre a terra por quatro pontas; e dentro dele, todos os animais (...). Uma voz se dirigiu a ele: 'Vamos, Pedro! Mata e come!'. Pedro respondeu: 'Jamais, Senhor! Nunca em minha vida comi nada imundo nem impuro'. E de novo uma voz se dirigiu a ele, pela segunda vez: 'Não te atrevas a chamar imundo o que Deus tornou puro!'. Isso se repetiu três vezes, e o objeto foi imediatamente recolhido ao céu" (At 10,9-16).

Pedro foi rezar ao meio-dia, um horário incomum. Talvez porque o almoço atrasou. Caiu em êxtase, não sei se de unção ou de fome. Mas o fato é que caiu. Durante esse arrebatamento, uma visão lhe foi apresentada: uma toalha com uma série de animais e a ordem de matar e comer. Ora, o que se pode esperar de um homem com fome, sendo-lhe apresentada uma espécie de banquete? Surpreendentemente, Pedro recusou-se a comer.

    Isso demonstra como a mentalidade de Pedro era dura em relação àquela matéria; nem a fome foi capaz de fazê-lo agir diferente. E atenção: uma pessoa com fome submete-se a qualquer coisa para saciá-la. Na hora da fome, os ideais mais nobres se esvaecem. Quando eu era menino, ouvia minha mãe dizer que "o melhor tempero é a fome", para justificar por que eu não comia quando a refeição não me agradava. Naquela época, quando pobre comia galinha, um dos dois estava doente. Ou então tinha visita em casa. Era como a história daquela moça que levou o namorado para almoçar na casa dela pela primeira vez. A mãe preparou um grandioso banquete. No fim

61

da refeição, para agradar a futura sogra, o rapaz foi enfático: "Nunca comi tão bem!" O irmão pequeno da moça não contou conversa: "Nem nós!" A mentalidade de Pedro era tão difícil de ser mudada que nem a fome o induziu a isso.[54] A intenção de Deus com aquela visão não era satisfazer o apetite de Pedro: se assim o fosse, teria mostrado alimentos que ele era acostumado a comer. Deus tinha um só objetivo: converter a mentalidade daquele homem acerca da visão que tinha sobre os povos pagãos: "O que Deus purificou não chames tu de impuro" (v. 15). A coisa era tão difícil que a ordem para comer se repetiu três vezes e não adiantou (cf. v. 16). A toalha foi recolhida logo, como se Deus dissesse: "Desisto!"[55] Entretanto, Pedro *pôs-se a refletir*. Ele ficou desconcertado e se deixou atingir por aquela comunicação de Deus, por mais difícil que fosse para ele (cf. At 10,17). E foi justamente durante essa reflexão que ocorreu nova incidência do Espírito sobre sua vida: "Pedro estava ainda preocupado com sua visão, mas o Espírito lhe disse: 'Aí estão dois homens que te procuram. Desce logo e põe-te a caminho com eles, sem nenhum escrúpulo: sou eu quem os envio'" (At 10,19).

Indo com aqueles homens para a casa de Cornélio, tudo ficou esclarecido. O anfitrião não judeu contou a respeito da visão que teve e da ordem de mandar chamar Pedro (cf. At 10,30-33a). Pela leitura dos acontecimentos, é possível entender pelo menos três coisas:

---

[54] Como bom judeu, Pedro considerava impuros vários animais e tinha a mesma concepção em relação aos pagãos, com quem os judeus eram proibidos de ter relações comensais.

[55] Uma mudança de mentalidade nessa matéria era importantíssima para o crescimento do cristianismo. Só uma nova compreensão sobre a pureza, para além das tradições judaicas, tornaria possível a unidade entre judeus e pagãos na Igreja (cf. BÍBLIA Tradução Ecumênica, p. 1938).

a) que a ação do Espírito Santo não se encerra nunca;
b) que ela incide sobre as coisas mais difíceis de mudar;
c) e que um dos momentos privilegiados para receber a ação do Espírito é no instante em que se escuta e reflete a Palavra.

Se existe condição para receber o Espírito Santo, creio que seja essa: escutar a Palavra. E parece que aqueles homens sabiam disso por intuição. Eles disseram: "Agora estamos todos aqui diante de ti para escutar tudo o que o Senhor te encarregou de dizer" (At 10,33b).

Nenhum pregador gostaria de estar nessa situação: levado às pressas para um lugar onde não tem costume de ir e ver-se diante de um público esperando que lhe fale aquilo que Deus ordenou. Ninguém merece! Como pregar sem ter preparado?

Pedro tomou a palavra e disse: "Na verdade, eu me dou conta de que Deus é imparcial" (At 10,34b). Começou dizendo o que o Espírito Santo tinha feito com ele *naquela ocasião*, não antes. Nem mesmo falou das experiências passadas em que provara da graça do Espírito Santo (cf., por exemplo, Jo 20,22-23). Poderia ter impressionado seus ouvintes se tivesse narrado o episódio de Pentecostes (cf. At 2,1-4).

Pedro referiu-se à ação do Espírito de forma atual, não apenas histórica. Nem se incomodou com o fato de seus destinatários não serem batizados (cf. At 10,47). Mas o mais impressionante é que: "Pedro ainda estava expondo esses acontecimentos, quando o Espírito Santo caiu sobre todos os que tinham escutado a Palavra de Deus" (At 10,44). Em outras palavras: não tinha terminado de pregar e já se completara o processo, por causa da disposição inicial dos ouvintes.

Esse derramamento do Espírito, ainda no decorrer da pregação de Pedro, manifesta que Deus guarda para si a iniciativa em questões capitais.[56] Portanto, é impossível conceber a pregação sem o batismo no Espírito Santo. Este é seu marco final. Creio que da compreensão a respeito disso depende que os pregadores sejam bem-sucedidos em seu ministério. Eles haverão de encarar suas palestras como ocasiões de aprontamento e descobrirão nessa incompletude um grande mistério de amor.

Os *Atos* esclarecem o sinal daquele derramamento: é que se ouvia os pagãos falarem em línguas e louvarem a Deus (cf. 10,44a). Pedro, então, *retomou* a palavra (cf. 10,46b). Isso indica que houve uma interrupção. Mas a palavra foi tomada novamente apenas para constatar o que havia ocorrido: "Poderia alguém impedir de batizar com água estas pessoas que, tanto quanto nós, receberam o Espírito Santo?" (At 10,47). Os dizeres não são para continuar o raciocínio nem para concluir algo inacabado, pois a pregação já tinha chegado a seu termo no momento em que o Espírito caiu sobre aqueles homens.

Mais adiante, quando Pedro estava narrando para aqueles que o censuraram, o ocorrido na casa de Cornélio, ele destacou o derramamento do Espírito Santo sobre os pagãos "como fizera sobre nós no início" (cf. At 11,15). E esclareceu que, naquela circunstância, lembrou-se das palavras do Senhor quando disse: "João batizou em água, mas vós sereis batizados no Espírito Santo" (cf. At 11,16). Note-se qual foi a expressão que veio à mente de Pedro: aquela mesma que havia estado por primeiro nos lábios de João Batista e que esclarecia a respeito do significado mais essencial do ministério da pregação.

---

[56] Cf. BÍBLIA Tradução Ecumênica, p. 2124.

# 5
# MOISÉS CRUZOU O MAR, VERMELHO!

Pessoalmente, não gosto muito desse tipo de comentário sobre personagens bíblicos que descem a pormenores e chegam a atribuir-lhes sentimentos íntimos de forma arbitrária. Por exemplo, dizer que Nossa Senhora ficou tranquila ou preocupada diante de certas palavras de Jesus, quando para isso não há alguma evidência segura.

Entretanto, outro dia acordei pensando em Moisés e me peguei querendo perscrutar o coração desse servo de Deus. Espero não trair minhas próprias convicções com o que, adiante, vou dizer dele.

Moisés foi uma dessas pessoas que tinha tudo para ter muitos traumas. Para começar, era filho adotivo (quanta gente, hoje em dia, não se sente mal por causa disso). Foi separado de sua família em circunstâncias adversas: lançado nas águas do rio Nilo, dentro de uma arquinha, como se fosse um novo Noé (cf. Êx 2,3). Antes disso, ficou durante três meses escondido sabe Deus onde, para não ser arrastado pela fúria do Faraó do Egito (cf. Êx 2,2).

Todos sabem que um recém-nascido passa por uma experiência bastante dolorosa pelo simples fato de ser retirado do aconchegante ventre da mãe. Moisés sofreu mais ainda, por causa daquele "esconde-esconde" forçado e, principalmente, por ter sido abandonado às águas. Ao ser encontrado, ele chorava copiosamente (cf. Êx 2,6a).

É verdade que Moisés acabou sendo amamentado livremente pela própria mãe que, de quebra, ainda recebeu um salário da filha do Faraó (cf. Êx 2,9). Mas não creio que, para ele, isso tenha sido tão bom assim; afinal, depois de crescido, Moisés teve de retornar para a princesa, que lhe deu um nome e o tratou como filho (cf. Êx 2,10). Um típico caso de dupla identidade familiar, causador de constrangimentos e confusões, e cuja dificuldade só é compreendida plenamente por quem já viveu semelhante situação. Moisés queria ser hebreu (cf. Êx 2,11-12), mas não conseguia se livrar de suas características egípcias (cf. Êx 2,19). Talvez por isso, tenha passado boa parte de sua vida tendo de conviver com a desconfiança de seu povo, por quem quase foi apedrejado (cf. Êx 17,4). Chegou, por ocasião de seu chamado, a alertar Deus quanto a isso: "Mas... eles não acreditarão em mim, não ouvirão minha voz" (Êx 4,1). Moisés já tinha experimentado a incompreensão de seus irmãos de sangue (cf. Êx 2,14).

No contexto da vocação de Moisés, Deus o *incitou* a ir ao encontro de seu povo, ou seja, de sua identidade cultural (cf. Êx 3,6-10). Somente nessa relação é que ele poderia definir sua identidade pessoal e confrontá-la com a experiência vivida com o "Eu Sou", o ser absoluto e transcendente que revelou a Moisés quem ele *deveria ser*. Dessa forma, ele foi conduzido para o conhecimento de Deus, no confronto com o conhecimento de si mesmo.

Assim foi que Moisés resolveu seu primeiro grande problema, que era o da indefinição de sua identidade. Ela se construiu no binômio Deus/eu mesmo, pelo que se redefine o passado à luz do Amor. Mas ainda faltava o ponto nevrálgico, o segundo grande problema, fruto do maior trauma adquirido na infância: o medo das águas. Moisés tinha tanto medo, que uma de suas primeiras ações no retorno ao Egito foi transformar tudo quanto era água em sangue, inclusive o Nilo (cf. Êx 7,19-20).

Deus conduziu Moisés ao Mar Vermelho. Ali, ele haveria de se ver cara a cara com as águas e enfrentar o mais forte de seus traumas. Moisés não tinha um navio. Seu povo continuava contra ele (cf. Êx 14,12). Moisés sentiu-se tentado a voltar atrás. Afinal, por que enfrentar as águas mais uma vez? Poderia, quem sabe, explicar suas razões e recusar-se a entrar no mar. Todo o mundo ia entender.

"Não tenhais medo! Coragem", ele dizia ao povo, talvez tentando convencer-se a si mesmo de que deveria ir em frente. Moisés estava com medo, mas assim mesmo cruzou o mar! No pensamento antigo, o mar representa o mundo do incriado e da morte. O mar é desconhecido e atemorizante. Imagino Moisés estendendo a mão sobre ele com o rosto virado e os olhos fechados, com aquela sensação de "não quero nem ver" (cf. Êx 14,21).

Moisés cruzou o mar, vermelho! Vermelho de pavor, vendo aquelas muralhas d'água sustentadas só pelo vento (cf. Êx 14,21-22). Vermelho de vergonha, por ser o primeiro a temer que as águas caíssem sobre ele. Ali, não havia nem mesmo uma arquinha para se apegar, como da primeira vez; muito menos uma princesa. Ao contrário, havia um rei em sua cola.

Deus faz prodígios. E o maior prodígio desse episódio está implícito. Ele realiza coisas grandiosas por meio de quem tem toda a probabilidade de resistir. Diria: às vezes, Deus age *exatamente* naquela matéria de maior dificuldade. Como no trauma de Moisés!

Era possível ir para Canaã sem passar pelo Mar Vermelho. Aliás, pela estrada da terra dos filisteus, margeando o Mediterrâneo, era muito mais perto. O Êxodo justifica o desvio por causa das fortalezas que guarneciam essa estrada (cf. 13,17). Mas tenho para mim que o Senhor dos Exércitos não se deixaria intimidar pelos inimigos. Destarte, atravessar um mar sem navios é mais difícil do que vencer batalhas.

Deus tinha outra intenção com o desvio de rota. E a razão era Moisés. Cruzar o mar era fundamental para a formação humana daquele servo tirado das águas e que, por causa do trauma de ter sido abandonado num rio, nem sequer tinha aprendido a nadar.

Mas o que isso tem a ver com pregação? É que tenho para mim que muitos pregadores continuam sem fazer alçar seu ministério por causa do medo. Deus continua oferecendo as oportunidades de vencer a timidez, mas eles se recusam a "atravessar o mar". Muita gente pede coragem ao Senhor, mas não percebe que a coragem manifesta-se justamente em situações de medo. Se alguém faz algo porque não se constrange em fazê-lo, onde está a coragem?

Foi assim como Moisés, no enfrentamento de meus traumas, que fui perdendo o medo de pregar. Eu chegava a chorar quando precisava falar em público. Tremia feito vara verde. Mas ia. Ainda hoje, dependendo da circunstância, sinto dores de barriga antes de uma palestra. Mas posso também me colocar em contato com a confiança, que está escondida em mim; confiança no Senhor, que está comigo e que me chamou desde meu nascimento (cf. Is 49,1-2).

Ora, o medo faz parte da índole do ser humano. Ele não é tão mau assim, porque funciona como um regulador de atitudes. "Também o medo tem seu significado e quer me dizer algo. Pois sem ele eu também não possuiria medida". [57]Nesse sentido, o medo chega a ser útil ao pregador, na medida em que provoca humildade e é sintoma da seriedade com que ele encara o ministério e cada pregação em particular.

Mas o medo não pode provir de um ideal de perfeição. É preciso perceber que, em última análise, pode ser a soberba que o provoca. Então, só uma ação de libertação, pela qual a pessoa se reconcilia com seus limites, pode levar à vitória sobre o medo. A pessoa se convence de que pode errar e não tem a obrigação de ser perfeita.[58] A expressão bíblica: "Não tenhas medo" assume, então, a conotação de: "Não sejais soberbos".

De qualquer modo, a timidez é uma limitação que precisa ser superada pelos pregadores. Ela provém de experiências negativas prévias, às vezes relacionadas com situações em que a pessoa deixou de ser promovida em sua positividade individual. Mas aí é que está o segredo. Muitos pregadores esperam uma ação abstrata do Espírito, uma espécie de cura interior que o faça, de uma hora para outra, sentir-se desacanhado e pregar intrepidamente.

Não duvido que isso seja possível, mas não é o que tenho visto normalmente. Deus parece ter escolhido a "via do mar", ou seja, *o caminho do enfrentamento* para proporcionar a libertação. Assim como fez com Moisés. Creio tratar-se de uma espécie de "treino" a que o Senhor submete a pessoa do pregador, para que fique experimentado nas dificuldades e saiba encarar as consequências de um ministério sério e fecundo. Pois, mais cedo ou mais tarde, essas consequências virão, muitas vezes trazendo situações de sofrimento.

---

[57] Anselm GRÜN, *O céu começa em você*, p. 89.
[58] Cf. Ibid., p. 90.

Existe uma grande dificuldade que parece comum ao homem contemporâneo: ele não sabe dar sentido ao sofrimento, mas o tem como eterno inimigo, como algo totalmente ruim e do que não se pode retirar nada de bom. Mas é justamente nisso que consiste a ousadia do homem sábio: promover, a partir de seus contratempos, a própria maturidade da personalidade, como alguém que é experimentado nos sofrimentos.

Há um tempo fiquei muito intrigado com uma sucessão de acontecimentos ruins com meu filho pequeno. Entre outras coisas, ele havia ficado muito doente no primeiro aniversário, depois se queimou com uma mamadeira de água quente e a festinha de dois anos foi suspensa de última hora por causa da morte do bisavô. Apresentei ao Senhor aquela situação. Gostaria de compreender por que tudo aquilo estava acontecendo com ele.

A resposta que veio a meu coração foi uma expressão do profeta Isaías: "experimentado nos sofrimentos" (cf. Is 53,3). Essa moção foi o elemento desencadeador de todo um processo de reflexão sobre minha vida, que me fez admirar ainda mais o modo de proceder do Senhor.

Minha mãe tinha dez filhos e mais de quarenta anos quando ficou grávida de mim. E o mais interessante é que ela já tinha "encerrado carreira". Há oito anos que não engravidava, de maneira que ninguém mais esperava por mim. Sou oriundo de um feto envelhecido.

Quando nasci, deixaram-me no berçário do hospital e deram outro bebê à minha mãe. Nem sequer tiveram a caridade de me entregar à mãe do outro. Fiquei ali durante dois dias e só escapei da troca porque minha irmã, que trabalhava no hospital como auxiliar de enfermagem, percebeu o equívoco e consertou tudo.

Aos dois anos de idade, saí à procura de minha mãe e fui parar no meio das brasas acesas de um resto de fogueira. Fiquei todo queimado. Aos sete anos, fui atropelado por um caminhão. Até hoje não sei como não morri. Como se diz no Nordeste: escapei fedendo. Mas é melhor escapar fedendo do que morrer cheirando. Minhas pernas ficaram estraçalhadas, mas, apesar das cicatrizes, recuperei todos os movimentos após alguns anos de sofrimento e duas longas cirurgias. Fiquei cinquenta e dois dias internado num hospital público, meu pai tendo de fazer malabarismos para garantir meu tratamento, porque não tinha INPS. Isso na cidade onde hoje sou missionário. Mais tarde, um cachorro me mordeu enquanto eu brincava tangendo um burro. Mais injeção. Tomei tanta furada, que esperava um dia beber água e ela sair pelos buraquinhos dos braços. Isso sem falar em todo o sofrimento durante a infância e adolescência, por causa da pobreza, da fome e das carências interiores.

Provocado pela expressão do profeta Isaías e fazendo memória acerca de minha vida, percebi que eu era um "experimentado nos sofrimentos" e que todas essas situações transformaram-me em uma pessoa resistente, apesar de fraca interiormente. Eis por que fiz opções decisivas na vida, atraí sobre mim as consequências de viver o Evangelho e, pela graça de Deus, perseverei na fé até aqui.

Encontrei, assim, um sentido para meus sofrimentos (e os de meu filho) e compreendi que, mais do que qualquer outro, foi Deus que me quis e me amou desde o princípio. Ele quis que eu nascesse, que crescesse em meu próprio ambiente e me servisse dele para amadurecer. Sinto-me escolhido, muito mais por causa de minhas deficiências.

Evidente que não se pode classificar o sofrimento como algo querido por Deus em si mesmo, resgatando aquela mentalidade de santidade à luz de verdadeiros automassacres penitenciais, como se a salvação dependesse de obras piedosas dissociadas do sacrifício de Cristo. Mas é preciso compreender que Deus não altera apenas *as circunstâncias* da vida de quem Ele ama, mas muda a própria pessoa. E o faz por meio do desenrolar dos acontecimentos, que devem ser lidos à luz da fé.

É interessante como algumas pessoas se desesperam com coisas pequenas enquanto outras superam verdadeiras catástrofes. Por que isso ocorre? Deve haver algo que faz a pessoa suplantar suas próprias contingências e caminhar em direção a seu *eu ideal* independente dos instrumentos de que dispõe.

Na verdade, libertar-se de traumas nem dói tanto assim! É suficiente superar o medo, pois é sempre o mesmo Deus Salvador que age, demonstrando que ninguém está obrigado a conviver com os estigmas de sua história passada. Para curar-se, é preciso enfrentar esses espectros que impedem o homem de relacionar-se livremente com Deus, com seu povo e consigo mesmo.

Por isso, defendo que todo pregador deve encarar seus medos de frente. Só assim poderá superar suas próprias tendências e dificuldades, para lançar-se num caminho de liberdade, que o fará desbravar caminhos e endireitar veredas. Como aconteceu com Moisés. Ele chegou do outro lado com aquela sensação de "nem doeu". Depois disso, já foi mais fácil estender novamente a mão sobre o mar, o que Moisés fez *logo em seguida* à ordem do Senhor (cf. Êx 14,26-27).

A consequência daquela situação criada por Deus não podia ter sido outra senão um canto de libertação. Canto de quem se sentia emancipado dos condicionalismos, que lhes foram impostos, e do determinismo psicológico. "Minha força e meu canto é o Senhor", disse Moisés (cf. Êx 15,2). Mas ele só foi capaz de provar isso porque atravessou o mar. Vermelho, mas atravessou!

1
# 6
# O PREGADOR
# E A ARTE ORATÓRIA

O ministério da pregação em sentido estrito desenvolve-se por meio de palestras. Disso não se pode fugir. O pregador é aquele que se posta diante de um público (por menor que seja) para comunicar uma mensagem. Ela deve estar adequada à quantidade e tipo de pessoas presentes, assim como a seu ambiente e possibilidades didáticas.

Assim sendo, a oratória é o recurso mais eficaz do qual o pregador se serve. Para comunicar bem sua mensagem, ele depende de uma capacidade de se expressar com clareza, elegância e desinibição, servindo-se de figuras de retórica para ornamentar a pregação e fazê-la mais atraente do ponto de vista estético.[59]

A importância prioritária do conteúdo não torna sem valor a forma. No mundo atual, é cada vez mais necessário comunicar-se bem. A comunicação simbólica adquiriu *status* de coisa imprescindível. Um bom conteúdo pode não chegar a seu destino se não for por uma via comunicacional eficiente, às vezes diferente, menos intelectiva, dinâmica e subjetiva.

---

[59] Cf. Dercides Pires da SILVA, *Oratória sacra*, p. 25-27.

Há muitas críticas à pregação e à própria ação carismática por causa de sua roupagem didático-pedagógica. A pregação é considerada espalhafatosa, agressiva e demasiadamente entusiasta.[60] O que está na base dessa crítica é a mesma premissa daquela que diz que, para Deus curar, não precisa de alaridos, gritos e esconjuramentos da parte do ministro. A crítica não se sustenta. Os gestos ou palavras do ministro, realmente, não têm relevância alguma no sentido de que não determinam a ação de Deus. Mas são extremamente importantes do ponto de vista simbólico. A forma não "faz" nada, mas *comunica* algo. Atitudes simbólicas com equilíbrio fazem um bem imenso. Do mesmo modo, uma boa técnica otimiza o dom da pregação.

Das atitudes de Jesus no Evangelho, parece-me que uma delas tem relação com isso. Conforme Mc 6,31-37, trouxeram a Jesus um surdo-mudo. Jesus utilizou uma maneira inusitada para curá-lo: colocou os dedos em seus ouvidos, cuspiu, tocou-lhe a língua, ergueu o olhar para o céu, suspirou e pronunciou a palavra "éfeta".[61] Precisava desse espetáculo todo? Evidentemente que não. O poder não estava no lodo, nem no suspiro, nem nas palavras.[62]

Pode-se supor que o poder de Deus age independente dos gestos. Porém, os feitos não têm o mesmo impacto nem o mesmo significado simbólico quando desprovidos de algo

---

[60] É bem verdade que alguns ministros concentram-se muito fortemente no aspecto externo da pregação, esquecendo-se de seu conteúdo.
[61] Essa fórmula seria incluída na liturgia antiga do batismo (cf. BÍBLIA Tradução Ecumênica, p. 1939).
[62] Outro exemplo é o poder curador que incidiu sobre o sírio Naamã. Ele não provinha das águas do rio Jordão. Se assim o fosse, não haveria leprosos em Israel e nem Naamã teria alegado que os rios de Damasco eram muito melhores (cf. 2 Rs 5, 9-14).

manifesto, que se torna uma espécie de fenômeno daquilo que está implícito e que só pode aparecer depois.[63] A sequência de atos de Jesus durante a cura do surdo-mudo foi tão espalhafatosa que ele tomou o cuidado de afastar-se para longe da multidão enquanto o fazia (cf. Mc 6,33). Depois, recomendou aos assistentes que não contassem nada a ninguém sobre o ocorrido.[64] Assim como a forma não tem relação direta com o conteúdo da ação, mas tem um significado comunicacional, na pregação, o poder de Deus não depende diretamente da técnica, mas esta responde a uma necessidade humana. Um ouvinte tende a "desarmar-se" diante de uma boa comunicação oratória. O tom alto ou baixo, os gestos das mãos, o olhar fixo em alguém, tudo isso aplicado no momento certo é, do ponto de vista simbólico, importantíssimo para a eficiência da pregação.

A perspicácia e a capacidade de comunicação do pregador não são elementos teológicos, mas antropológicos. Seria ingênuo acreditar que o conteúdo se aplica por si mesmo. Ele precisa do caminho, que é a técnica do pregador. A função dos gestos e símbolos é predispor as pessoas para ouvir. É como se fosse a maneira de atrair. Mesmo o mais cético e neurastênico ateu pode sentir-se interpelado por um orador eficiente.

Portanto, é absolutamente necessário, no momento atual, que os pregadores quebrem seus preconceitos em relação à oratória sacra e busquem aprender técnicas de comunicação que irão, no fim das contas, fazer vir à tona de maneira mais eficiente o dom que Deus lhes deu. Os dedos de Jesus nos ouvidos do surdo-mudo podem também significar o poder de

---

[63] Em alguns casos, podem até nem aparecer.
[64] Para alguém que foi curado de mudez deve ter sido impossível seguir uma recomendação de não falar nada; a despeito do que disse Jesus, o ex-mudo certamente proclamou veementemente não só a cura como sua forma.

Deus agindo sobre a capacidade de escuta do homem. Em Lc 11,20 o "dedo de Deus" é usado para expulsar os demônios. Em Mt 12,28 o Espírito Santo substitui o dedo. Ou seja, é o Espírito Santo que toca o "ouvir" do pregador, fazendo-o compreender o Reino de Deus e elucidá-lo aos outros. Mas note-se que a ação de Jesus sobre os ouvidos do surdo irrompe em palavras. Abrem-se os ouvidos e a boca simultaneamente: "Logo se lhe abriram os ouvidos, a língua se lhe desatou, e ele *falava corretamente*" (Mc 7,35b, grifo meu)

O que se segue são dicas e propostas a respeito do processo comunicacional durante a palestra. Elas estão apresentadas de maneira teórica. Não pode ser doutra maneira. Podem servir para esclarecer alguns pontos, mas não substituem a prática, o enfrentamento que o pregador tem de fazer cotidianamente. Em outras palavras, esses procedimentos têm de ser testados no exercício da pregação, às vezes modificados ou adaptados conforme as circunstâncias. E isso depende de cada um e do conjunto da formação que recebe em sua realidade comunitária.

Um bom pregador está sempre desenvolvendo sua técnica. A capacidade comunicacional tem seu lado particular, ou seja, cada pregador deve buscar seu próprio jeito espontâneo de ser, o que não o impede de aprender dos outros certos mecanismos, ainda que por imitação. Cada um deve apenas tomar cuidado para não se descaracterizar e tornar-se artificial. Isso seria desastroso. Certa vez, depois de fazer uma importante pregação,[65] alguém me fez a seguinte observação: "Gostei de sua pregação porque nela você é você mesmo". A afirmação, que parece redundante, foi bem compreendida por mim. A

---

[65] "Importante" por causa do nível e seriedade do encontro e não pelo que eu disse.

pessoa quis dizer que eu não forcei nenhum estilo nem quis amoldar-me a grandes pregadores só para me assemelhar a eles e tentar agradar ao público.

Não é na semelhança com os outros que se busca uma boa técnica. Examina-se tudo e personalizam-se os métodos. Chega a ser patética uma imitação forçada. Elas são percebidas facilmente até pelos mais desligados. Os bons pregadores caracterizam-se pelo uso de variados matizes.

Seria muito bom que alguém inventasse uma linguagem escrita de tons, como existe para a música. Assim, seria possível escrever uma pregação numa espécie de partitura e, sabendo ler, o pregador poderia retirar sua pregação da monotonia. Mas creio que isso tornaria a coisa muito postiça. A pregação seria mera técnica, retirando o aspecto da incidência do Espírito no próprio pregador e no momento da palestra. A comunicação da vida é essencial na pregação, pois o que se pretende apresentar é uma pessoa e não apenas algo.

A monotonia dá sono. Pelo menos para isso serve uma pregação monótona: curar as pessoas de insônia. Além de ser extremamente engraçado alguém dormindo em público, sentado, dando aquelas relaxadas de pescoço que fazem acordar subitamente e lamber os lábios logo em seguida para secar a saliva que havia escorrido.

E nem adianta tentar consertar usando aqueles chavões do tipo: "Acorde seu irmão que está do lado". Quem botou para dormir é quem deveria acordar e não os outros. Por isso, o melhor mesmo é tentar desenvolver algumas técnicas comunicacionais capazes de dinamizar a pregação; e, nesse ponto, é fundamental que elas fluam naturalmente, ou seja, que façam parte da própria índole do pregador.

É interessante observar alguns mecanismos utilizados por Jesus em seu ministério e que se aplicam à pregação. O capítulo 3 do evangelho de São Mateus inicia-se com a narração do ministério público de João Batista. Fala do conteúdo de sua mensagem, de seu estilo de vida, das pessoas que a ele acorriam e de sua prática batismal.

João cumpre bem sua missão de precursor, anunciando a vinda de Jesus (que batizará no Espírito Santo e no fogo) e declarando-se indigno dele. *"Então chega Jesus"*, diz Mateus no versículo 13. A impressão que me causa é que o evangelista quis precisar o momento em que Jesus entrou em cena, fazendo o liame com a preparação feita por João. Trata-se do momento certo, que Jesus parecia aguardar atentamente.

No ministério da pregação há também momentos oportunos para "chegar", ou seja, para dizer o que tem de ser dito. Algumas asserções muito boas ficam absolutamente sem peso quando ditas em momentos, lugares ou circunstâncias inoportunas. É o caso de uma assembleia inquieta, fazendo barulho ou desatenta.

Um pregador que não sabe esperar e discernir o momento de "chegar", como fez Jesus, deixará de promover adequadamente a Palavra de Deus. E esse momento nem sempre é quando as pessoas mandam ou quando ele sente vontade de dizer algo. Não convém lançar muitas palavras sem que haja ambiente para isso. Já encerrei em vinte minutos uma pregação que fora preparada para uma hora, porque não havia condições de continuar "chegando", ou seja, mantendo o público sob atenção fecunda e não apenas me escutando por educação.

A estratégia leva em conta as expectativas e até mesmo os preconceitos humanos. Assim, por exemplo, não convém fazer colocações insistentes sobre o que se tem convicção para pessoas que não estão dispostas a ouvir ou que se consideram muito entendidas no assunto em pauta. A palavra vai e volta e não consegue penetrar. Talvez seja mais hábil esperar um momento em que se esteja numa condição simbolicamente "superior", ou seja, como conferencista convidado ou alguém que assume posição de destaque no grupo.

Em diversas ocasiões quis manifestar minhas opiniões, mas observei que elas se perderiam em meio a tantas outras, em direções diferentes. Deus me concedeu a graça de saber esperar e até hoje nunca deixei de dizer nada do que Ele colocou em meu coração. Existe um tempo certo para cada coisa (cf. Ecl 3,1-8). Quando se quer dizer tudo de uma vez, não se diz nada. Jesus reconhecia isso: "Muitas coisas ainda tenho a dizer-vos, mas não as podeis suportar agora" (Jo 16,12).

Para ser eficiente, a palavra não pode perder seu poder de impacto. A unção da palavra é dada por Deus, mas seu impacto deve ser criado pelo pregador. É por isso que é necessário esperar e discernir "os tempos e os momentos" (cf. At 1,7). A palavra ungida é importante demais para ser lançada de qualquer jeito, em qualquer lugar. Uma palavra tem mais força quando surpreende. Creio ser nesse sentido também que Jesus alerta: "Não deis aos cães o que é sagrado, não atireis vossas pérolas aos porcos" (Mt 7,6).

Às vezes penso que o que falta a muitos pregadores é a paciência. A ansiedade é inimiga do pregador. É necessário aprender a conviver com ela, para que ela não influencie negativamente. Certa vez vi alguém fazer uma pregação em vinte minutos, mas que poderia ter durado uma hora. O plano era excelente, as ideias bem colocadas, o público estava sedento e dava-lhe atenção. Mas faltou-lhe a paciência para desenvolver seu raciocínio passo a passo, sem medo e sem ansiedade. Poderia ter encenado um pouco mais as histórias, otimizado os exemplos, tornando as mensagens centrais chocantes.

81

Algumas vezes os próprios organizadores de um evento em que se processa a pregação não se preocupam com isso como deviam. O ambiente da pregação deve ser, tanto quanto possível, sóbrio, respeitoso e aconchegante, de maneira que, ao entrar nele, as pessoas sintam o impacto de sua apresentação. Não precisa ser enfeitado, apenas arrumado. Um ambiente inadequado dificulta a transmissão da mensagem. Às vezes, será necessária alguma fala ou dinâmica que recongregue as pessoas, para que, em seguida, comunique-se a pregação. Se isso não for possível, a pregação estará comprometida e não dará os frutos que poderia dar. Na verdade, é um grande desperdício as palavras de um bom pregador lançadas para um público que não absorverá totalmente sua mensagem. Os organizadores de eventos precisam se dar conta disso.

É interessante como às vezes eles querem que o pregador fale sem as condições adequadas para isso, que tomem iniciativas impróprias ou que resolvam uma situação que foi criada pela ineficiência deles. E o pior é que, muitas vezes, faz-se necessário resolver mesmo, sob pena de não poder pregar. Nesses casos, faz-se o possível.

Outro mecanismo técnico importante para um pregador é seu olhar. Gostaria de aprofundar aquilo que já foi dito por outros.[66] Não se deve fugir do interlocutor, nem do público. É muito comum no ministério de Jesus que ele *olhe nos olhos* daqueles com quem conversa ou para quem prega. Seu exemplo demonstra que um pregador precisa ousar encarar aqueles com quem fala.

O evangelho de São Marcos, especialmente, anota com frequência este olhar de Jesus a sua volta.[67] No episódio da

---
[66] Cf. José H. Prado FLORES, *Formação de pregadores*, p. 113-114.
[67] Cf. BÍBLIA Tradução Ecumênica, p. 1928.

cura do homem da mão paralisada, Jesus passou um olhar de *cólera e tristeza*, por causa da dureza de coração daqueles que o criticavam (cf. Mc 3,5). O fato de Marcos perceber e anotar esse detalhe, caracterizando o olhar de Jesus como "de cólera e tristeza", faz-me crer que ele se multifacetava conforme as circunstâncias, como é próprio de um bom comunicador. Aqui, uma indignação. Mais adiante, quando sua mãe e seus parentes mandaram-no chamar, o olhar percorrido parece de *constatação*, pois suscitou um ensino *a partir dos* que ali estavam: "Eis minha mãe e meus irmãos. Todo aquele que faz a vontade de Deus, esse é meu irmão, minha irmã e minha mãe" (cf. Mc 3,31-35).

Esse episódio desvela um segredo para a atividade do pregador: o próprio público é uma perspectiva de pregação; posso dizer: o público é uma fonte de pregação. Ao percorrer o olhar sobre as pessoas que o escutam, o pregador pode, naquele momento, compreender coisas relativas a elas de maneira geral ou a algumas em particular, como inspirações, moções atuais acerca do que se passa com cada uma e do que necessitam. Fica evidente que isso não pode ser algo preparado, mas constatado *in loco* por meio do olhar.

O olhar interpela o ouvinte, para não dizer: encurrala-o. O olhar firme e consciente do pregador desafia a pessoa à abertura, incita-a a uma resposta, retira-a da indiferença. Nesse sentido, o olhar *faz*. Além de ser um caminho para apreender, é também um método para ensinar. Em Mc 5,32, Jesus usa o olhar para procurar a mulher que o tocou e parece ser exatamente essa busca que traz a mulher até ele. Ela poderia ter fugido por entre a multidão, mas sentiu-se perscrutada pela atitude de Jesus. Às vezes, o olhar do pregador atinge o que suas palavras não podem atingir. Outras vezes, ele é o preparo dessas palavras, funcionando como seu precursor. Pode ser, ainda, o mecanismo utilizado para dar segurança às pessoas, para que se sintam à vontade de manifestarem suas experiências de vida, como no caso da hemorroíssa: "Então a mulher, sabendo o que lhe sucedera, veio lançar-se temerosa e a tremer a seus pés *e lhe disse toda a verdade*" (Mc 5,33, grifo meu). Um outro momento, que demonstra como Jesus utilizava habilmente o olhar em seu ministério, é aquele em que Ele se encontra com o jovem rico (cf. Mc 10,17-23). Depois de ouvir aquele homem e antes de dizer-lhe algo, Jesus olhou-o *diretamente*. Diz o Evangelho que Jesus *fitou-o* (cf. Mc 10,21). Marcos é o único que observa que Jesus o amou. Dessas duas atitudes – olhar e amar – que, nesse momento, estão contidas numa única ação, é que nasce o dizer que se segue: "Só te falta uma coisa...". Ele foi certeiro. Note-se que a frase não estabelece uma regra geral, mas foi dirigida especificamente para a realidade daquele homem, realidade que foi percebida por Jesus quando o olhou atentamente.

 Jesus utilizava o olhar para penetrar as realidades alheias. Não para cubar, bisbilhotar ou invadir a privacidade das pessoas. Mas para perscrutar e descobrir sua identidade mais profunda. Foi assim que agiu com Pedro, quando *fixou nele o olhar* e disse: "Tu és Simão, filho de João, serás chamado Cefas (que quer dizer pedra)" (cf. Jo 1,42). Note-se que o mestre anteviu a condição de Pedro (pedra, rocha), num estágio de sua vida em que seria impossível prevê-lo. Foi também por causa do olhar que Jesus disse algo sobre a personalidade de Natanael, mesmo antes de ele ser seu discípulo. Jesus *avistou-o* ainda a distância e, quando Natanael se aproximou, ele fez a afirmação: "Eis um verdadeiro israelita, no qual não há falsidade". Donde sua surpresa e indagação: "Donde me conheces?", ao que Jesus respondeu: "Antes que Filipe te chamasse, *eu te vi*, quando estavas debaixo da figueira" (cf. Jo 1,47-48, grifo meu). Não estou tentando dizer que olhar as pessoas vai garantir palavras acertadas na boca do pregador. Elas derivam da graça de Deus. Porém, no caso referido, o conteúdo da mensagem de Jesus foi *encontrado* ali, na atitude de fitar o interlocutor. Além disso, numa pregação o olhar torna a palavra penetrante, já que o pregador explora outro sentido dos ouvintes, além da audição. Diante da tristeza e da retirada do jovem rico, Jesus mais uma vez olhou em volta e fez nova afirmação, desta vez aos discípulos: "Quão difícil será para os que têm riquezas entrar no reino de Deus" (Mc 10,23b).

Jesus estava sempre atento até mesmo aos ambientes. É emblemática sua atitude no templo de Jerusalém, depois de sua entrada triunfal na cidade: ele observou tudo a sua volta (cf. Mc 11,1-11). Em Marcos, esse pormenor prepara a cena da expulsão dos vendilhões do templo (cf. Mc 11,15-19), indicando que um olhar cauteloso gera não só palavras como ações concretas. Todo pregador deveria aprender a fazer isso no silêncio de seu coração, em todo lugar que for, aproveitando os momentos que antecedem a palestra para observar com profundidade as pessoas e os ambientes. A intenção deve ser sempre a de perscrutar o coração das pessoas, visando servi--las o mais certeiramente possível.

Todo pregador deveria inspirar-se nessas atitudes de Jesus. Em Jo 16,19, ele *notou* que os discípulos queriam perguntar-lhe algo. Trata-se de uma capacidade de percepção fruto da observação, mas que também está relacionada com o dom de ciência. Jesus passava o olhar sobre a multidão (cf. Lc 6,10). Olhar penetrante, que fascinava e imprimia uma força psicológica envolvente. Olhar de quem ama.

Por outro lado, o pregador deve estar consciente de que é observado por seu público. Este o vê ainda com mais detalhes. É por isso que o traje usado não pode ser muito agressivo. Qualquer desleixo assume a conotação de pouca importância e importuna visualmente. O que parece sem importância deixa os ouvintes incomodados. Um visual agressivo é como um barulho sutil que vem não se sabe de onde, mas que fica aborrecendo as pessoas e retirando-as do estado de quietude e escuta.

O mesmo acontece com um ambiente muito pesado (flores demais, desconexão estética etc.). A mesa ou ambão colocados para o pregador devem ser discretos e que lhe possibilitem acompanhar bem o esquema, sem ser preciso alterar muito sua postura. Assim, por exemplo, uma mesa baixa ou alta demais trará dificuldades. O pregador terá de ficar abaixando-se ou colocando-se nas pontas dos pés para alcançar seu roteiro. Nada de toalhas muito rendadas ou de cores muito fortes.

O relacionamento do pregador com seu público deve denotar cumplicidade. O bom pregador adquire para si a confiança de seus ouvintes. Isso se faz pela força do olhar e dos gestos, além de uma boa retórica. Nesse particular, é fundamental cuidar para não faltar com a educação e a cordialidade. Até mesmo as exortações e chamadas de atenção podem vir envoltas em afabilidade.

Assim, é preciso ter muito cuidado com a maneira como se conduz a palestra. Nada de palavras grosseiras, expressões inconvenientes ou de duplo sentido. Nada de mexer com o orgulho cultural de onde se prega ou mesmo com a estima das pessoas individualmente. Acho estranho quando um pregador fica o tempo todo perguntando às pessoas se elas estão entendendo o que ele está dizendo. Às vezes, acaba ficando a impressão de que ele está subestimando a capacidade de compreensão de seus ouvintes, o que fica antipático. Se o tema é difícil, melhor dizer: "Eu estou me fazendo compreender?".

Alguns pregadores gostam de usar anedotas em suas palestras. Isso é muito interessante, mas não essencial. Conheço ótimos pregadores que não fazem rir em nenhum momento e conseguem prender a atenção de seu público durante todo o tempo. Mas o humor pode ser uma característica da pessoa do pregador. Então, por que não usar isso em favor de sua mensagem? No entanto, as piadas devem estar, tanto quanto possível, inseridas na palestra e não contadas apenas para fazer rir. Isso só se justifica no caso de se precisar descontrair o público em algum momento. Ainda assim, quando uma anedota é introduzida bruscamente, sem liame com o que se está falando, causa aquela impressão de que o pregador inseriu ali um "momento nada a ver".

Algumas pessoas ficaram muito admiradas comigo porque, em certa ocasião, preguei durante uma hora sem contar nenhuma piada. Ora, não cabia! Por causa de minha personalidade, sempre acho um jeito de dar um toque de humor numa palestra, mas, se o tema ou o momento é inoportuno, não me importo de não fazê-lo. Afinal, uma pregação não é um show de humor.

Mas também não precisa ser um sermão exortativo e neurastênico. O humor contido numa pregação deve ser refinado. Não pode ser evasivo, espalhafatoso ou debochado. Alguns momentos são sérios demais para que o pregador fique devaneando entre suas graças.

Esse discernimento é feito durante a construção do plano de pregação. Este se torna um eficiente instrumento nas mãos do pregador, na medida em que é bem preparado e aberto, ou seja, deixa lacunas para a ação atual do Espírito Santo. Creio que na maioria das pregações é importante ter em vista certo objetivo geral. Não se trata de determinar isso pedagogicamente, mas de intuí-lo antes de pregar. Em outras palavras, é necessário saber o que se vai dizer.

Todo o desenrolar da pregação será no sentido de atingir aquele objetivo. Não se deve perder tempo fora disso, nem vagueando no discurso nem circulando numa mesma ideia suplementar. Muitos pregadores ficam repetindo sinônimos ou frases semelhantes, causando a impressão de que não querem continuar o tema. As pessoas ficam esperando o prosseguimento de seu raciocínio, e ele, insistindo em permanecer na mesma coisa. Isso é sintoma de que não sabe o quer dizer e que precisa aumentar as palavras para consumir o tempo. "Não multipliqueis as palavras", diz Jesus em relação à oração, o que também se aplica à pregação (cf. Mt 6,7).

As ideias sequenciadas prendem a atenção do público. Umas geram expectativa em relação às próximas, ou seja, o ouvinte fica curioso para saber qual será o desfecho daquilo que o pregador está falando. Quando essa sequência não existe e o pregador fica colocando ideias soltas, como um franco-atirador, o público se cansa logo e a pregação fica prejudicada. Na verdade, uma estrutura bem sistematizada não serve apenas como técnica para angariar a atenção, mas faz parte da própria essência da pregação:

> "Há de tomar o pregador uma só matéria, há de defini-la para que se conheça, há de dividi-la para que se distinga, há de prová-la com a Escritura, há de declará-la com a razão, há de confirmá-la com o exemplo, há de amplificá--la com as causas, com os efeitos, com as circunstâncias,

com as conveniências que se hão de seguir, com os inconvenientes que se devem evitar; há de responder às dúvidas, há de satisfazer as dificuldades, há de impugnar e refutar com toda a força da eloquência os argumentos contrários e, depois disso, há de colher, há de apertar, há de concluir, há de persuadir, há de acabar".[68]

O plano de pregação comporta o conteúdo como tal, mas a forma comunicacional e o enfoque quem dá é o pregador. De um mesmo conteúdo é possível fazer ênfases diferentes, dependendo do objetivo que se quer atingir. Por exemplo, se quero enfatizar a ousadia, não esquecendo a prudência, digo: "Apesar de sermos prudentes, não podemos ter medo de ousar". Nessa aplicação, os ouvintes tomarão a prudência apenas como inibidor relativo, mas concentrarão suas forças em responder à motivação de ousar no Espírito. Mas se, pelo contrário, quero enfatizar a prudência, digo: "É claro que devemos ser ousados, mas não sem prudência".

É preciso fazer o foco sobre o que se quer. Uma ideia-chave central, no máximo duas intrinsecamente relacionadas, deve ficar evidente na pregação. Sobre ela circulam outras três ou quatro que podem ser consideradas suplementares. Em torno dessas ideias-chave centrais ou suplementares, articulam-se os exemplos, as comparações, as anedotas, os testemunhos, as perguntas ou afirmações. Nada deve estar desconexo numa pregação. Não adianta colocar coisas para "descontrair" o público. O pregador que conta histórias ou faz comentários fora de seu contexto aplicativo, só para tornar a pregação menos cansativa, não sabe que está

---

[68] Antonio VIEIRA apud Severino Antonio e M. BARBOSA, Emília AMARAL, *Escrever é desvendar o mundo*, p. 174.

agindo contra si mesmo, tornando o que fala esquisito aos ouvidos do público.

Outrossim, é necessário ter controle sobre o tempo. Um grupo de ouvintes tende a perder sua capacidade de absorção à medida que o tempo passa. Isso só não acontece se a pregação ganhar um caráter acentuadamente profético, de maneira que a palestra, ao invés de decair, vai subindo, como que ganhando cada vez mais adesão. Isso não acontece com muita frequência.

Na maioria das vezes, por mais coerentes que sejam as ideias transmitidas, elas podem tornar-se improdutivas na mente da maioria, pelo desgaste de concentração, que as pessoas vão adquirindo com o passar do tempo.

Por isso, às vezes, é inviável continuar falando, mesmo que se sinta consistência nas palavras. Ou seja, mesmo que o pregador tenha o que falar, nem sempre é a melhor coisa continuar fazendo-o naquele momento. Doutro modo, o pregador deve respeitar o controle do tempo previsto na programação do evento, celebração, reunião ou qualquer outra ocasião em que prega. É claro que isso não precisa ser muito fechado, o que seria reter ou enquadrar as moções atuais. Porém, creio que uma hora seja tempo suficiente para se transmitir qualquer mensagem inteligente, motivadora e geradora de conversão.

Uma questão aparece aqui. O plano de pregação deve ser preparado de acordo com o tempo de que dispõe o pregador; mas o ministro, aberto que está para as moções atuais no momento da palestra, não pode prever se, por força da unção do Espírito, deter-se-á neste ou naquele ponto do plano. Se a moção no coração do pregador o induzir a demorar-se mais em algo, ele não precisa renunciar à inspiração sob pretexto de cumprir todo o plano. Uma das alternativas é inserir antecipadamente na estrutura do plano um grupo de ideias que, se retirado, não comprometa o conjunto. Isso permite que ele seja usado se necessário ou suprimido se o tempo extrapolar. Por exemplo, considere-se o seguinte plano de pregação:

> 1. Introdução
>
> 2. Ideia-chave 1
>
> 2.1. Ideia suplementar A
> 2.2. Ideia suplementar B
> 2.3. Ideia suplementar C
>
> 2.4. Ideia suplementar D
> 2.5. Ideia suplementar E
> 2.6. Ideia suplementar F
>
> 3. Ideia-chave 2
>
> 3.1. Ideia suplementar A
> 3.2. Ideia suplementar B
> 3.3. Ideia suplementar C
>
> 3.4. Ideia suplementar D
> 3.5. Ideia suplementar E
> 3.6. Ideia suplementar F
>
> 4. Resumo
>
> 5. Conclusão e oração

Observe que as ideias suplementares estão divididas em dois sub-grupos, anexados a cada ideia-chave. O segundo grupo de cada ideia-chave pode ser suprimido, caso seja necessário. O pregador controlará seu tempo e discernirá no momento se insere ou não o que preparou.

O importante é que um plano de pregação seja preparado sempre de acordo com o tempo de que se dispõe para pregar, para não acontecer que a mensagem fique incompleta por falta de tempo. O constante exercício do ministério faz com que o pregador saiba, mais ou menos por intuição, quanto de conteúdo é necessário para o tempo disponível.

Não há como fugir dessa limitação. Alguns pregadores gostariam que tivesse todo o tempo do mundo para falar. Mas ele certamente será controlado, nem que seja pela própria assembleia. O pregador deve observar e perceber quando está na hora de parar. Às vezes é necessário que alguém controle a duração da palestra: o pregador mesmo ou outra pessoa.

Alguns não se sentem incomodados com outro dizendo, durante a palestra, quanto tempo falta. Não há problema que seja assim. Pessoalmente, não gosto disso. Fico atrapalhado e perco a concentração. De resto, acho que é preferível que o próprio pregador saiba controlar seu tempo. Isso permitirá que ele mesmo tenha a ideia correta acerca dos passos de sua exposição e de como conduzi-la em cada momento. Isso se faz por meio de um discreto acompanhamento do tempo, por exemplo, colocando o relógio em cima do ambão. Desastroso seria ver o tempo encerrado, tendo-se dado ênfase aprofundada a uma parte e vendo-se obrigado a pincelar a outra parte. Quebra-se o conjunto da pregação e ela fica comprometida.

No mais, é confiar no Senhor e lançar-se em suas mãos. Há tempos em que o pregador consegue reunir uma grande quantidade de inspirações, a mente produz sobremaneira e ele consegue sistematizar facilmente todas as informações. É Deus agindo no coração dele. Mas também o pregador pode se sentir, em certos momentos, sem capacidade de produção, sem inspirações, em aridez completa e aterrorizante, sobretudo quando precisa continuar pregando. Nesses momentos, deve lembrar-se de que "o Filho do homem é senhor também do sábado" (cf. Lc 6,5). Ou seja, Jesus é senhor do repouso e da atividade, do tempo fértil e também da época de esterilidade. Em qualquer situação, é preciso continuar. Afinal de contas, é permitido fazer o bem, o mal, em dia de sábado? (cf. Lc 6,9) E a pregação é um bem que vale a pena ser promovido.

# BIBLIOGRAFIA

1. BARBOSA, Severino Antonio e M. AMARAL, Emília. *Escrever é desvendar o mundo*: a linguagem criadora e o pensamento lógico. Campinas: Papirus, 1986.
2. BARBOSA, Taciano Ferreira (Coord.). *Formação de pregadores*: metodologia com poder do Espírito Santo. Aparecida: Santuário, 1997 (Paulo Apóstolo, 8).
3. BÍBLIA, Tradução Ecumênica. São Paulo: Loyola, 1994.
4. BOFF, Leonardo. Apreciação teológica da Renovação Carismática Católica analisada sociologicamente. In. OLIVEIRA, Pedro A. Ribeiro et all. *Renovação Carismática Católica:* uma análise sociológica, interpretações teológicas. Petrópolis: Vozes, 1978, p. 157-198.
5. CATECISMO da Igreja Católica. 3. ed. Petrópolis: Vozes, São Paulo: Paulinas, Loyola, Ave-Maria, 1993, p. 744.
6. CONCÍLIO ECUMÊNICO VATICANO II. *Dei Verbum*: constituição dogmática sobre a Revelação Divina. In. BÍBLIA Sagrada. Tradução dos originais mediante a versão dos monges de Maredsous (Bélgica). 58. ed. São Paulo: Ave-Maria, 1987, p. i-viii.
7. FLORES, José H. Prado, GOMES, Salvador. *Formação de pregadores*. 2 ed. Rio de Janeiro: Louva a Deus: 1991.
8. GRÜN, Alselm. *O céu começa em você*: a sabedoria dos padres do deserto para hoje. 10ª ed. Petrópolis: Vozes, 1998.
9. LEMOS, Sílvia Maria Lima. NOGUEIRA, Maria Emmir Oquendo. *Tecendo o fio de ouro*: roteiro para cura interior, autoconhecimento e projeto de vida. 2 ed. ver. Fortaleza: Shalom, 2003.
10. MELCHÍADES JUNIOR, Everaldo. *A Bíblia em um ano*. 2 ed. Fortaleza: Shalom, 1996.

11. SILVA, Dercides Pires da. *Oratória sacra*: roteirização, v. 1. Cachoeira Paulista: Canção Nova, 2005.

12. \_\_\_\_. *Oratória sacra*: roteirização, v. 2. Cachoeira Paulista: Canção Nova, 2005.

13. SOUSA, Ronaldo José de. *Pregador ungido*: missão e espiritualidade. Aparecida: Santuário, 2001 (RCC Novo Milênio, 1).

14. \_\_\_\_. *Fogo sobre a terra*: reavivando a chama na Renovação Carismática. Aparecida: Santuário, 2003 (RCC Novo Milênio, 11).

15. \_\_\_\_. *Carisma e instituição*: relações de poder na Renovação Carismática Católica do Brasil. Aparecida: Santuário, 2005.

Email do autor
ronaldoremidos@hotmail.com

A marca FSC® é a garantia de que a madeira utilizada na fabricação do papel deste livro provém de florestas que foram gerenciadas de maneira ambientalmente correta, socialmente justa e economicamente viável.

Este livro foi composto com as famílias tipográficas Times e Times New Roman
e impresso em papel Offset 75g/m² pela **Gráfica Santuário.**